LISE GAST

GELIEBTES HEIM AM BERGE

Mit Zeichnungen von Emmy Claire-Haag

K. THIENEMANNS VERLAG STUTTGART

Umschlagzeichnung NIKOLAUS PLUMP in Stuttgart

10. Auflage 1972 · 1. Auflage 1949 · Satz, Druck, Einband Wilhelm Röck in Weinsberg · Textklischees Klischee-Herzog · Umschlagreproduktion Hirsch u. Beck, beide in Stuttgart · Umschlagdruck Offsetdruckerei Gutmann + Co. in Heilbronn/N.

ISBN 3 522 10240 1 · Verlagsnummer 1024

Unserem geliebten Onkel Doktor

Erich Bruchmann

im Namen aller kleinen und großen Kinder,

denen er geholfen hat

Reni, wo sie wohnt, und wo sie herstammt

Ganz am Ende der Stadt, dort, wo Anlagen und Park in Wald und Berge übergehen, lag das Haus, in dem Reni wohnte. Das Haus ist übrigens nicht ganz richtig gesagt: eigentlich waren es zwei Häuser, die einander gegenüber lagen, breite, helle Häuser mit schokoladenbraunen Fensterläden und nachgedunkelten, roten Dächern, die weit vorsprangen und wie zu tief gezogene Mützen aussahen. Nicht wie gebaut lagen die Häuser da, sondern wie gewachsen, und damit sie nicht allein waren und sich fürchteten, war es, als gäben sie sich die Hand: hinten, den Raum, der zwischen ihnen lag, wie einen Hof abschließend, lief ein niedriges, breites kleines Gebäude entlang, so wie bei manchen Gasthöfen die Kegelbahn. Dies hier aber war keine Kegelbahn und auch kein Wintergarten, wie man es manchmal hat, es war etwas viel, viel Schöneres. Große, breite, fast bis auf die Erde reichende Fenster hatte es nach beiden Seiten hin, und unter den Fenstern liefen Heizkörper entlang, so daß es auch im Winter warm und zu benutzen war. Das war sehr wichtig, denn nicht nur Reni, sondern auch alle andern Kinder, die hier im Heim am Berge für längere oder kürzere Zeit zu Hause waren, liebten diese Gebäude noch mehr als die hellen Schlafsäle, den großen, getäfelten Wohnraum oder die gemütliche Küche. Wer kann raten, was es war? Niemand. Es war eine Turnhalle.

Dort, wo keine Fenster waren, gingen Leitern an den Wänden hoch, Leitern mit glatten, hellgelben Sprossen, an denen man bis an die Decke klettern und auch sonst die schönsten Übungen machen konnte. In der Mitte gab es einen Rundlauf, viermal Ringe zum Schaukeln und in einer Ecke auch Kletterstangen, schräge und gerade. Auch Sprungmatten waren da, Böcke, Pferde, Hochsprungholme, kurz, alles, was ein zehnjähriges Herz sich erträumt. Hinter der Turnhalle lag eine leichtansteigende Liegewiese, auf der im Sommer die Liegestühle mit den gestreiften Bezügen standen, und dann schloß sich gleich der Bergwald an, mit Bächen und Blaubeerkraut, mit Pilzen und Nadelholz und der herrlichsten, kräftigsten, wunderbarsten Bergluft.

Ja, und vorn, vor der Turnhalle, da war es auch so gemütlich wie in einer Stube. Da standen an dem einen Haus entlang eingerammte Tische mit Bänken davor und dahinter, und darüber wölbten sich alte, dicke Kastanienbäume, die im Frühling ganz weihnachtlich voller Kerzen gesteckt waren, manche mit weißen, manche mit roten Lichtern, — und im Herbst bescherten sie das allerschönste Kinderspielzeug, blank und glatt, rotbraun oder gescheckt, das aus stachlichen Hüllen platzte, jedes Jahr wieder, umsonst und ohne Bestellung. Es waren richtige liebe, vertraute, lebendige Bäume, und sie hatten auch Namen. Der eine hieß Alma, der andere Meta, und der dritte, der fast in der Mitte des Hofes stand und eigentlich schon viel zu alt war, denn er hatte einen ganz, ganz dicken Stamm, der schon hohl war, so daß man sich darin verstecken konnte, der hieß von alters her Henriette. Er sollte eigentlich längst gefällt sein, aber alle, von Tante Mumme angefangen bis zum kleinsten Küchenmädel herunter, erhoben ein lautes Gejammer, wenn der Doktor mit diesem mörderischen Vorschlag kam, und so blieb er von Jahr zu Jahr stehen. „Er wird euch noch auf die Köpfe fallen!“ drohte der Doktor, aber da lachten sie nur, denn sie wußten, daß der Doktor seinen Freund, den Förster, stets fragte, ob Gefahr bestünde. Und dann lachte der alte Rauschebart und sagte, solange das Haus hielte, hielte auch die Henriette.

„Tu doch nicht, als ob unser Heim eine alte, wacklige Bruchbude wäre, Onkel Oberförster“, sagte Reni einmal ganz wütend, als er so geantwortet hatte, und da lachte er noch mehr.

„Euer Heim — bewahre! Ich sage doch nichts gegen euer geliebtes Heim am Berge — wo werd’ ich denn, kleine Reni!“

Heute nun war dieses wunderschöne, lebendige und heißgeliebte Heim übrigens leer, jedenfalls fast leer, nur Tante Mumme war da, als Reni vom Bahnhof kam — sie hatte den letzten Schub Erholungskinder, wie sie das stets tat, zur Bahn gebracht. Es war immer ein bißchen traurig, wenn die andern abfuhren, obwohl die meisten versprachen, zu schreiben oder im nächsten Jahr wiederzukommen — aber sie taten in der Regel weder das eine noch das andere.

Dafür kamen neue Kinder, lustige und stille, Jungen und Mädel, große und kleine ...

Reni kannte das nun schon, so lange sie lebte — sie war das einzige Kind, das blieb. Wenn sie von der Bahn heimkam, war ihr immer zum Heulen zumute, und dann suchte sie schleunigst nach Tante Mumme. Wo? In der Küche. Die war dann immer tipptopp aufgeräumt, denn die Küchenmädel hatten in der Zeit, in der keine Kinder da waren, auch frei — ein einziger Herd von den vier großen, die in der Mitte der Küche wie ein Festungsblock lagen, brannte, und dort fand Reni Tante Mumme. Sie kochte sich Kaffee.

„Damit ich die Ruhe genießen kann", sagte sie entschuldigend, aber Reni lachte nur. Andere Leute tranken Kaffee, um munter zu werden — jedenfalls sagte der Onkel Doktor so — Tante Mumme aber trank welchen, um schlafen zu können. Komische, kugelrunde, geliebte alte Tante Mumme!

„Was backen wir uns denn diesmal für einen Pausenkuchen?" fragte Reni auch heute; es war die Frage, die ihr schon während des ganzen, einsamen Heimwegs auf dem Herzen gelegen hatte. Immer, wenn Pause war, wenn die ersehnten und gefürchteten drei Tage zwischen den Sechswochen-Erholungskindern eintraten, durfte sich Reni einen Kuchen ausdenken. Und das war um diese Zeit ein bißchen schwer: Kirschen gab es nicht mehr und Äpfel noch nicht. Blieb Quark oder Streusel — den konnte man aber auch im Winter haben.

„Ich weiß! Hobelspäne! Wenn auch weder Fastnacht noch Sylvester ist! Ich hab' solchen Appetit auf Hobelspäne", sagte Tante Mumme. Reni guckte vorwurfsvoll.

„Aber, Tante Mumme! Der Onkel Doktor mag doch keine — oder vielmehr, er mag sie zu sehr. Und er soll doch nicht!"

„Er ist doch nicht da, Kinding, die nächsten Wochen. Er verreist doch", sagte Tante Mumme. Sie mußte ja schließlich einmal damit herausrücken, Reni mußte es erfahren. Sie hatte es ihr bisher nicht gesagt — hatte immer gehofft, er würde wenigstens so lange bleiben, bis der nächste Kindertransport da wäre. Aber es hatte sich nun doch nicht so gemacht ... Reni guckte entgeistert. „Der Onkel Doktor fährt weg? Heute schon?"

„Aber Kinding, du hast doch mich“, tröstete Tante Mumme. Sie wußte, wie ungeheuer zärtlich Reni an ihrem Bruder hing und daß ihr nichts die Pause so versüßte wie die Tatsache, daß ihr nun der liebe, gute, lustige, dicke Onkel Doktor allein gehörte. Er verwöhnte das Mädel, das war keine Frage, aber es war ja verständlich — er hatte doch sonst nichts vom Leben. Arbeit, Arbeit, Arbeit — er war so sehr beliebt in der Stadt und wurde überlaufen von Patienten, und am liebsten hätte er sich doch einzig und allein dem Kinderheim gewidmet. Das ging ja nun nicht, wie eben vieles auf der Welt nicht so geht, wie man gern möchte . . .

„Aber warum hast du mir das denn nicht gesagt?“ fragte Reni nach einer Weile, in der sie stumm neben Tante Mumme am Herd gelehnt hatte. „Ich wollte dir das Herz nicht unnütz schwer machen“, sagte Tante Mumme leise. „Es geht dem Onkel Doktor nicht gut, weißt du. Er fährt nicht zum Vergnügen. Er soll sich endlich mal ganz auskurieren und erholen!“

„Aber das könnte er doch h i e r !“ rief Reni, den Tränen nahe. „Hierher kommen doch alle, um sich zu erholen — es steht doch in allen Zeitschriften und überall: Kinderheim für Erholungsbedürftige.“

„Ja, K i n d e r heim, für erholungsbedürftige K i n d e r, natürlich“, sagte Tante Mumme. „Aber sieh mal, der Onkel Doktor kommt doch hier zu keiner Erholung. Immerfort kommen Leute, auch wenn er das Telefon abstellt . . .“

„Ist er etwa schon fort?“ fragte Reni. Ihr ahnte das Schlimmste. Aber Tante Mumme beruhigte sie.

„Nein, nein, Reni, er ißt heute nochmal mit uns, nachher gleich.“

Gottlob. Das wenigstens blieb ihr noch — es war immer so hübsch, wenn sie einmal allein zu dritt aßen, unten im Hof, am Ende eines der langen Tische, mit einem weißen Tischtuch und dem guten Geschirr. Und Tante Mumme kochte dann immer etwas besonders Gutes.

Aber über die schreckliche, vielleicht wochenlange Trennung konnte nicht mal ein Fischfilet mit grünem Salat hinwegtrösten, —

Reni verließ die Küche leise und trat hinaus in den Hof. Wie stumm alles war — kein Gekribbel von kleinen Kindern am Sandkasten unter der Henriette, kein Gespritze und Geschrei von den größeren am Planschbecken. Dabei war es so herrlich heiß heute ...

Reni trug ein weißes Kleid mit roten Tupfen, einem roten Gürtel und rotem Kragen. Sie hatte, als sie zur Stadt hinuntergefahren war, ihre Halbschuhe angehabt, sie aber jetzt ausgezogen und im Flur stehen gelassen. Barfußlaufen gehörte hier zum guten Ton, der Onkel Doktor sagte immer, daß viele, viele Krankheiten einfach nicht da wären, wenn die Menschen mehr barfuß liefen. Besonders früh auf der Wiese, wenn sie noch taunaß war — Tautreten nannte man das. Reni war immer sehr dahinter her, daß alles befolgt wurde, was der Onkel Doktor sagte.

Er war so gut und so lustig — und bestimmt ganz einzigartig. Schon oft hatte sie beobachtet, daß Kinder, die neu hier waren und i h r e n Onkel Doktor nicht kannten, sich fürchteten, wenn es hieß: der Arzt kommt. Sie konnte das nicht verstehen. Niemand war so lieb, so sanft und zärtlich und feinfühlig wie dieser große, dicke Mann mit dem kleinen schwarzen Bärtchen auf der Oberlippe und der schwarzgeränderten Hornbrille. Niemand konnte so herzlich lachen, so wunderbar erzählen, so munter und muntermachend zum Spielen anregen — niemand vermochte so entzückend zu zeichnen, wenn man einmal im Bett lag und sich langweilte. Gewiß, Tante Mumme war a u c h lieb, wenn sie abends kam, nachsah, ob auch alle Kinder gut zugedeckt waren und keins weinte, weil es nun doch ein bißchen Heimweh bekommen hatte. Aber sie war eben ein bißchen wie das tägliche Brot — man kam nicht ohne sie aus, aber man hatte sie schließlich immer. Der Onkel Doktor dagegen ... Er war wohl noch gar nicht so alt, wie Reni glaubte — jedenfalls viel jünger als Tante Mumme. Tante Mumme hatte schon graue Haare, er nicht ein einziges. Er war ihr „kleiner" Bruder, wie er manchmal aus Spaß sagte.

Reni war hier im Kinderheim aufgewachsen und ging von hier aus in die Schule in der Stadt, vormittags. Aber die Schule spielte keine allzu große Rolle in ihrem Leben; sie kam ohne Mühe mit, und Schulfreundinnen hatte sie eigentlich keine. Dazu war ihr Leben im Heim viel zu bunt und lebendig — im Heim war sie zu Hause, wie andere Kinder bei ihren Eltern. Warum — sie hatte nie danach gefragt, bis es ihr der Onkel Doktor einmal in einer Pause erzählt hatte — im Winter, als draußen der Schnee stöberte und das Heim so unglaublich still dalag. Da hatte er in seinem Zimmer ein Kaminfeuer gemacht und sie dazu eingeladen, sie ganz allein, denn Tante Mumme war müde und ging lieber ins Bett — „weil Kaminabende ja doch nie ein Ende nehmen!" Da hatte er ihr erzählt, warum sie immer hier blieb, während die andern Kinder doch stets zu ihren Eltern zurückfuhren, wenn sie sich erholt und rote Backen angefuttert hatten.

Reni hatte auch Eltern, aber ihr Vater war gestorben, als sie noch ganz kleinwinzig gewesen war. Er war sehr jung, als er Renis Mutter heiratete, und er hatte noch keinen richtigen Beruf. Vielmehr, einen hatte er schon, er war Lehrer gewesen, aber er wollte so sehr gern ein Onkel Doktor werden, weil er da vielen Menschen helfen und sie gesund machen könnte, genau so wie er selbst es tat. Die Mutter hatte auch ja dazu gesagt, sie war einverstanden, auch damit, daß sie trotzdem mit dem Heiraten nicht warten wollten, bis der Vater fertig mit dem Studieren war. Ihre Eltern aber, Renis Großeltern also, waren durchaus nicht einverstanden gewesen...

„Verstehst du das, Reni, ja? Sie sorgten sich um deine Mutter", sagte der Onkel Doktor und sah in die großaufgerissenen, ernsten Kinderaugen hinein, in denen sich das Feuer spiegelte und Funken darin weckte wie ein Abendhimmel in einem Gebirgssee, „und sie wollten, daß deine Eltern noch warten sollten mit dem Heiraten. Dein Vater sollte erst so viel verdienen, daß er deiner Mutter ein Haus bauen könnte und Möbel kaufen, und eine ganze Herde Kinder satt machen — denn deine Eltern wollten nicht, daß sie nur ein einziges Kind hätten, eins ohne Geschwister, verstehst du. Aber deine Mutter meinte, warten wollte sie nicht, sie wollte lieber mitverdienen und deinem Vater helfen und gleich seine Frau werden.

Viele tapfere Frauen denken und handeln so, aber viele Eltern in ihrer Liebe und Güte sind zu ängstlich dazu, es zu erlauben, denn sie denken, es wird ein zu schweres Leben für ihr Kind. Deine Mutter bekam es auch wirklich schwer, siehst du, denn dein Vater starb, ehe er fertig mit Studieren war, und du warst nun schon auf der Welt und deine Mutter mußte dich ganz allein großziehen.

Deine Großeltern hatten es ihr sogar verboten, hatten ihr gedroht, wenn sie nicht gehorchte, würden sie ihr gar nicht helfen, wenn sie einmal in Not käme. Nun war sie in Not — die Großeltern h ä t t e n ihr sicher geholfen, wenn sie zu ihnen gekommen wäre, aber nun wollte sie nicht. Sie ging auf ein Gut und wurde dort Sekretärin, und dich gab sie zu uns, zu Tante Mumme und mir. Sie hatte die Anzeige und das Bild von unserm Heim in einer Zeitschrift gesehen und kam nun und sprach mit Tante Mumme, und Tante Mumme hat dich g e r n hier aufgenommen, weil sie ja selbst nicht verheiratet ist und keine Kinder hat."

„Und da gehöre ich nun euch", sagte Reni befriedigt, als er so weit gekommen war. „Nicht wahr, ich gehöre euch — ich bin nicht so ein Kind wie die andern, die hier bloß für ein paar Wochen zur Erholung sind!"

Der Doktor lachte.

„Nein, so ein Durchgangskind bist du nicht", bestätigte er und klopfte sie auf die Backen, lachend und vergnügt. Dann aber wurde er wieder ernster.

„Trotzdem gehörst du deiner Mutter, nicht uns", sagte er freundlich, „wenn wir auch wünschen, du wärst unser Kind." Das letzte sagte er leiser und wie zu sich selbst. Reni sah das nicht ein.

„Aber wieso denn? Tante Mumme gibt mir zu essen und macht mir die Kleider, und . . ."

„Aber deine Mutter b e z a h l t das alles", hielt der Doktor dagegen. „Tante Mumme schreibt alles auf und —"

„Nein, Onkel Doktor", sagte Reni unbefangen, aber durchaus ihrer Sache sicher, „das macht sie nicht. Sie hat mir neulich erst ein Kleid gemacht, das war aus einem alten von ihr selber."

Der Doktor lachte, diesmal ein bißchen unsicher.

„Hat sie? Sie soll doch lieber neuen Stoff kaufen, die alte Morchel", brummte er. „Aber sie denkt immer, sie muß sparen!"

„Und alle ihre alten Bilderbücher hat sie mir geschenkt und ihre Puppen, die sie selbst als Kind gehabt hat. Das macht sie doch mit den andern Kindern nicht — ich glaube, das weißt du nicht so. Ich gehöre doch viel mehr zu euch als zu meiner Mutter. Von ihr habe ich noch gar kein Kleid, und keine Puppe, und nicht mal ein Bilderbuch . . ."

„Na, und das große Schaukelpferd zum Beispiel, das du bekamst, als du drei Jahre alt wurdest?" fragte der Doktor, beinah ärgerlich. Er suchte in seinem Gedächtnis — mein Himmel, man hatte doch weiß Gott genug im Kopf zu behalten. Nun sollte er auch noch wissen, was Frau Jahnecke ihrer Tochter alles Gutes getan hatte . . . „Und der Pferdestall mit den vier Boxen nebeneinander, war der nicht großartig? Also: Hat dir Tante Mumme oder ich jemals was so Schönes geschenkt?"

„Nein, der war schön. Schöner als Puppen", sagte Reni nachgiebig, „aber er war doch nicht von M u t t e r , ich meine, von ihr von früher her!"

„Gewiß. Das kommt aber wahrscheinlich davon, daß deine Großeltern noch immer böse sind auf deine Mutter, so daß sie nicht zu ihrem alten Spielzeug kann", erklärte der Doktor. „Du gehörst aber trotzdem deiner Mutter. Wir sind nur froh, solange wir dich geborgt bekommen, denn wir haben dich beide lieb — auch wenn du dumme Fragen stellst", lachte er. Am nächsten Morgen berichtete er seiner Schwester von dieser Unterhaltung.

„Das Mädel macht sich Gedanken, ganz erwachsene Gedanken", sagte er ärgerlich. „Schreib doch an Frau Jahnecke, daß sie verschiedenes herschickt. Dann wird Reni sich beruhigen. Und laß sie an die Mutter schreiben. Wir dürfen das Kind nicht verwirren, auch nicht aus Liebe . . ."

Tante Mumme nickte. Er hatte recht. Von nun an ließ sie Reni an jedem Regentag, an dem alle Kinder nach Hause schrieben, auch einen Brief an die Mutter verfassen. Reni tat es mit der Sorgfalt, mit der sie ihre Schularbeiten erledigte — und vergaß, sobald sie fertig war, die Mutter wieder, so wie sie die Schule vergaß, wenn sie ihre Aufgaben gemacht hatte.

Tante Mumme sah das und machte sich ihre Gedanken darüber. Aber nicht lange — sie war nicht so geartet, sich viele Gedanken zu machen außer denen, die jeden Augenblick von allen Seiten auf sie einstürmten. Außerdem denkt man nicht allzugerne an Sachen, die man am liebsten vergessen möchte — sie hatte Reni herzlich lieb und wünschte nichts sehnlicher, als sie noch lange, lange behalten zu dürfen. So blieb es bei den Briefen, die Renis Mutter immer treulich beantwortete. Manchmal kam sie auch auf Besuch, aber immer nur kurz; sie hatte mit den ersten Dienststellen wohl etwas Pech, wechselte öfters und wagte nicht, um längeren Urlaub einzukommen.

In letzter Zeit schien sie sich auf dem Gut, auf dem sie war, besser eingerichtet zu haben, aber sie war wohl dort ganz unentbehrlich geworden, da der Gutsherr kränklich war und vieles nur mit ihr allein besprach. So konnte sie auch jetzt kaum fort. Außerdem gab es auf diesem Gut etwas, was der Mutter wichtig und schließlich ganz unentbehrlich geworden war: es gab Pferde — nicht nur die nötigsten Acker- oder Kutschpferde wie überall auf dem Lande, sondern auch eine Pferdezucht. Die war der Mutter fast ganz überlassen, und ihr warmes und liebevolles Herz hatte sich dieser Aufgabe weit geöffnet, weil es zwischen all den fremden Menschen etwas zum Pflegen suchte.

Reni konnte sich kaum mehr vorstellen, daß Mutter beispielsweise einen Brief schreiben könnte, in dem nicht drei von vier Seiten von Pferden handelten. Auf allen Fotos von Mutter waren Pferde mit darauf, zottige Fohlen, sanfte, schöngewachsene Stuten oder wilde Zweijährige. Mutter konnte auch großartig reiten. Reni freute sich immer, wenn die Mutter einmal kam, aber sie trennte sich nicht schwer nach den Besuchen. Ihr Zu-Hause war eben das Heim am Berge. Aber was war das geliebte Heim ohne Onkel Doktor, und nun sollte er so schrecklich lange wegbleiben!

Reni konnte sich das gar nicht vorstellen und lauerte unten am Hoftor, daß er endlich zum Essen käme. Ihr Gesicht war ganz unglücklich, als er endlich kam und ihr seine Fahrhandschuhe mit einem munteren: „Hunger, Kindel, Hunger, Hunger!“ zuwarf. „Nun, bewölkt? Regenfälle zu erwarten?“

„Du fährst weg, Onkel Doktor?“ fragte Reni kläglich. Er kam um den Wagen herum, nahm ihr Gesicht in seine beiden Hände und sah ihr in die Augen.

„Ja, Kind, ich muß. Und weißt du, worauf ich mich bei dieser Reise am meisten freu?“

„Na?“ fragte Reni, mehr aus Höflichkeit als aus Interesse. Er freute sich auch noch!

„Aufs Wiedersehen, Dummerle“, lachte er und gab ihr einen Klaps auf die Backe. „Nun aber kein Murrgesicht! Sonst freu’ ich mich nämlich n i c h t mehr!“

Frau Jahnecke bekommt einen Brief, und Erika schmiedet einen Plan

„Liebe Mutter! Ich schreibe Dir, weil es jetzt so traurig bei uns ist. Der Onkel Doktor ist fort und kommt so bald nicht wieder. Er ist nämlich krank. Wenn er nicht da ist, ist hier gar nichts los. Außerdem haben wir gerade Pause, da ist es nie schön. Tante Mumme hat aber Hobelspäne gebacken. Ich esse sie sehr gern. Tante Mumme ist auch lieb, aber der Onkel Doktor noch viel mehr. Ich hab einen neuen Luftanzug bekommen, blau mit weißen Sternchen, er ist sehr hübsch. Ich bin schon sehr braun gebrannt. Tante Mumme wird nie braun, nur rot. Wie geht es Dir? Mir geht es gut, ich meine mit der Gesundheit. Sonst bin ich immer noch traurig.

Viele Grüße Deine Reni.“

Seufzend steckte Frau Jahnecke den Brief in die Tasche ihrer Reithose. Sie hatte ihn schon mehrmals gelesen, aber immer wieder fand sie ihn betrüblich. Obwohl sie sich einzureden versuchte, daß Kinder oft in einer augenblicklichen trüben Stimmung schreiben, dann den Brief in den Kasten werfen und fröhlich pfeifend zum nächsten Spiel springen ... Es brauchte wirklich nichts Ernstes zu sein.

Aber es bedrückte sie. Sollte sie denn nie aus den Bedrückungen herauskommen? — fast schien es ihr heute so. Nun hatte sie doch endlich eine Stellung gefunden, in der es ihr gefiel, die ihr durch die nette Behandlung der Gutsleute und vor allem durch die geliebten Pferde innerlich etwas g a b — die nicht nur einzig und allein ihr und Reni den Lebensunterhalt sicherte.

Und nun kam dies, daß Reni so traurig schrieb.

Es war ja wohl kein Wunder. Die Mutter ersetzt niemand, sagt man immer, und Reni wuchs eben ohne Mutter auf. Immer hatte sie gedacht, Kinder müßten mit Kindern aufwachsen, deshalb hatte sie Reni im Heim gelassen, wo immer Kinder waren — sie hatte sich selbst früher mehr Kinder als nur ein einziges gewünscht. Nun aber dachte sie, daß es doch vielleicht falsch war — daß auch gleichaltrige Kameraden und Gespielen nicht so wichtig sind wie die Mutter. Sie liebte ihr kleines Mädel, liebte es umsomehr, da es ja ihr einziger Besitz war — nur um Renis willen hatte sie auf ein Zusammenleben verzichtet.

Draußen schien die Sonne, es war ein wolkenloser, herrlicher Tag, aber ihr Herz war schwer. Schließlich schob sie ihre Rechnungen zusammen, schloß den Rollschreibtisch ab und stand auf. Sie hatte noch draußen im Vorwerk zu tun, vielleicht kam sie auf andere Gedanken, wenn sie das jetzt sofort erledigte.

Wirklich fühlte sie sich gleich ein bißchen besser, als sie den Pallasch auf den Hof hinausführte — er hob den Kopf und schnoberte in den wunderbaren Morgen hinaus. Sie saß auf; ach, nichts kam dem gleich, wenn der Sattel knarrte, wenn man das Pferd lebendig und geschmeidig unter sich fühlte. Reni müßte reiten lernen ... Sie trabte an. ‚Das höchste Glück der Erde liegt auf dem Rücken der Pferde', hieß es — ja, das war wohl nicht übertrieben. Es war, als streifte der Frühwind alle trüben Gedanken von ihr ab.

An der Parkecke machte der Pallasch einen erschrockenen Sprung, es kläffte um seine Beine. Max und Moritz, die beiden kleinen Schnauzer, waren auf ihn losgefahren — Frau Jahnecke sah sich um und entdeckte Erika drüben am Zaun. Sie parierte und wartete, bis das kleine Mädel herübergekommen war.

„Sind sie dir wieder mal ausgerissen?" fragte sie freundlich.

„Ja, sie hören nicht", sagte Erika ärgerlich, „ich kann pfeifen und rufen, soviel ich will ..."

„Sie werden es schon lernen, sie sind ja noch jung", tröstete Frau Jahnecke, saß ab und versuchte, Erika zu helfen. Sie haschten nach den Hunden, die sich überkugelten, nach ihren Händen schnappten und sich um nichts in der Welt anleinen lassen wollten. „Jugend hat keine Tugend, Erika!"

„Ach, das sagt Fräulein Sonneson auch immer", sagte Erika und lachte trübe, „als ob man was dafür könnte, daß man noch nicht älter ist!"

Frau Jahnecke sah in das hübsche, helle Mädchengesicht unter dem dunklen Haar, das jetzt mürrisch und verdrossen aussah — — nein, eigentlich mehr traurig. Sie mußte sofort wieder an ihr kleines Mädel denken. Zwölf Jahre alt war Erika Niethammer, ein Jahr älter als Reni ...

„Nein, dafür kann man nichts", sagte sie lustig, mit dem Willen, ein bißchen zu trösten und aufzumuntern. „Aber es ist doch manchmal auch gut, wenn man noch klein ist ..."

„Wieso?" fragte Erika mißtrauisch.

„Zum Beispiel, weil einen die Frau Jahnecke da mitnehmen kann auf dem Pallasch, was sonst nicht ginge — wenn man nämlich schon größer wäre", lachte sie und nahm Erika mit einem Schwung vor sich auf den Sattel. „So, nun wollen wir uns mal tüchtig tummeln, du sollst mal sehen, wie einem da die schwarzen Gedanken vergehen."

Sie trabte an. Erika strahlte — sie war nicht verwöhnt mit solchen Freuden. Und die Hunde kugelten hinter ihnen her, überpurzelten sich vor Eifer und jappten und kläfften — es war wirklich lustig. Frau Jahnecke sah mit Vergnügen, daß Erikas Gesicht sich aufgehellt hatte. „Na, kann man auch mal wieder lachen?" fragte sie freundlich.

„Ach, Sie sind immer so lieb zu mir", sagte Erika dankbar, „mit Ihnen bin ich gern zusammen. Aber Sie haben ja auch niemals Zeit für mich — jedenfalls fast nie — höchstens mal abends, oder so wie jetzt."

„Im Winter hab ich wieder mehr", tröstete Frau Jahnecke. Es tat ihr selbst leid für das Kind — das wuchs so allein zwischen all den Erwachsenen auf, hatte kränkliche, überängstliche Eltern, eine freundliche, aber doch ziemlich strenge und sehr gewissenhafte Hauslehrerin...

„Du müßtest eine Freundin haben, Erika, weil du doch keine Geschwister hast", sagte sie herzlich, „Reni hat immer schrecklich viel Freundinnen und Freunde. Ihr Poesiealbum ist schon voll, sie wünscht sich zum Geburtstag ein neues!"

Sie brach ab. Renis Brief war ihr eingefallen — der klang ja nun nicht gerade übermäßig lustig. Erika konnte das natürlich nicht wissen, sie fuhr in dem leise betrübten Ton fort, der so viel schlimmer ist als Verdrossenheit und Nörgelei:

„Ja, Reni hat's gut! Immer mit andern Kindern zusammen sein dürfen — das denke ich mir himmlisch. Wieviel sind da immer im Heim? Fünfzig? Da muß man doch herrlich spielen können. Und der Spaß abends im Schlafsaal!"

„Du hast doch dafür immer deine Mutter da", sagte Frau Jahnecke leise. Erika wandte den Kopf nach ihr und sah sie an, nur einen Augenblick. Sie, ein Kind, das nur mit Erwachsenen zusammenkam, hatte eine viel feinere Witterung für die Stimmung der andern um sie her als sonst vielleicht ein zwölfjähriges Kind.

„Bangt sich Reni nach Ihnen, Frau Jahnecke?" fragte sie still. Die Frau antwortete nicht gleich. Sie lenkte das Pferd in einen Feldweg und ließ es in Schritt fallen, klopfte ihm den Hals. Dann schwang sie sich vom Sattel und fing Erika auf, die auch herunterrutschte.

„Willst du hier auf mich warten, Erika? Mit dem Pallasch? Dann spring' ich schnell über die Koppel zum Inspektor hinüber und sprech' mit ihm, und du kannst rückzu wieder mitreiten. Willst du inzwischen Renis Brief lesen? Ich bekam ihn heute früh."

Sie gab ihn dem Kind und nickte ihm zu, freundlich und herzlich. Dann kroch sie durch den Koppelzaun und ging über das kurze, federnde Gras hinüber nach dem Vorwerk, wo sie die Gestalt des Inspektors erkannt hatte.

Erika hatte den kurzen Brief sogleich überflogen. Sie sah ihn, im Gras sitzend und die Hunde, die immerfort mit ihr spielen wollten, abwehrend, noch einmal langsam durch, genau und sehr aufmerksam. Sie wußte seit vielen Jahren von Reni, es war ja klar, daß Frau Jahnecke oft mit ihr von der Tochter sprach. Gesehen hatte sie Reni noch nie, aber sie kannte alle Bilder, die Tante Mumme schickte. Als Reni sich Zöpfe wachsen ließ, wollte auch Erika welche haben und daß Renis Zöpfe hell waren wie verblaßtes Gold und ihre dunkelbraun, fast schwarz, das hatte sie oft gewurmt — sie fand nun

einmal blondes Haar schöner. Frau Jahnecke tröstete sie — „Es ist Schneewittchenhaar", hatte der Doktor einmal gesagt, als Reni ihm ein Bild von Erika zeigte, „wunderschön — bei einem Mädel wie dir hätte die Frau Königin sagen müssen: Ach hätt ich doch ein Kind, so weiß wie Schnee, so rot wie Blut und so goldig wie ein Bilderrahmen!" Erika mußte lachen, als sie daran dachte.

Dann aber wurde sie wieder ernst. Reni tat ihr leid, aber eigentlich war es doch ein bißchen kläglich, so zu jammern. Eine solche Pause dauerte doch wohl nicht länger als einige Tage, und dann kamen wieder neue Kinder. Und der Doktor würde ja auch einmal wiederkommen — sie konnte sich nicht vorstellen, daß man sich nach einem Erwachsenen ernstlich bangen könnte. Sie, die immerzu mit Erwachsenen zusammen und noch keinen einzigen Tag von den Eltern getrennt gewesen war ...

Sie saß und sann. Erika hatte schon manches ausgebrütet, wenn sie so allein da hockte, die Hände um die Knie gefaltet, und ins Weite guckte. Sie fuhr zusammen, als Frau Jahnecke, auf dem weichen Boden unhörbar ausschreitend, hinter sie getreten war und ihr die Augen zuhielt. „Wer ist's? Schwer zu raten, was?"

„Frau Jahnecke, ich hab' mir was ausgedacht, was Wunderschönes — aber die wunderschönen Sachen werden fast nie wirklich", sagte sie, als sie wieder zusammen auf dem Pallasch saßen und sich vorwärts wiegen ließen, „soll ich es Ihnen verraten? Es ist etwas für meinen Geburtstag, jedenfalls wünsch' ich es mir dazu!"

„Ja? Dann sag's nur, alle Wünsche kann man nicht erraten", ermunterte Frau Jahnecke. Erika zögerte.

„Aber bitte nicht sofort wieder nein sagen", bat sie ängstlich, „meistens heißt es sofort nein, wenn ich mir was ausgedacht hab'!"

„Armes Kind", bedauerte Frau Jahnecke sie lachend und ein bißchen spottend, „bekommt keinen einzigen Wunsch erfüllt! Jetzt erst wieder die beiden Hunde, voriges Jahr das Pony ..."

„Ja, aber drauf reiten darf ich nicht, und kutschieren auch nicht, wenigstens fast nie", rief Erika, „und nicht mal radfahren darf ich — Vater denkt, ich fall' runter oder komm' unter ein Auto, und Mutter meint, ich überanstreng' mich — hier, wo alles eben ist und nirgends ein Berg!"

„Und keins von den Büchern, die man sich wünscht, bekommt man", neckte Frau Jahnecke; sie wußte, daß gerade vorige Woche ein großes Bücherpaket gekommen war: Erika las viel und konnte davon nie genug bekommen.

„Ach, Sie lachen mich ja doch bloß aus", schmollte Erika, „nein, ich wünsch' mir diesmal etwas ganz anderes. Was Schönes, nicht nur für mich ..."

„Also schieß los, ich bin gespannt!"

„Passen Sie auf: Reni müßte herkommen. Für immer, für ganz. Sie müßte immer mit in meinem Zimmer schlafen und mit mir zusammensein, beim Lernen und beim Schularbeiten machen und nachmittags, wenn wir frei haben. Und sie müßte auch ein Pony bekommen und Hunde — oder einen von meinen — und wir wären dann immer zu zweien — denn es gefällt Reni doch dort gar nicht mehr, sie schreibt doch ganz traurig. Finden Sie das nicht? Vielleicht ist die Tante Mumme gar nicht mehr nett zu ihr, es gibt doch Leute, die große Kinder nicht leiden mögen, bloß kleine. Im Dorf die Frau vom Lehrer — die war immer so nett zu mir und schenkte mir immer was, wenn ich hinkam, aber jetzt sieht sie mich gar nicht mehr an. Da hab ich die Marie gefragt, die älteste von dort, und die sagte: Mutter ist so. Die Kleinen frißt sie auf vor Liebe, aber auf uns schilt sie ..."

„Kindskopf du", lachte Frau Jahnecke, „ihr Großen ärgert uns eben mehr als die Kleinen!"

„Aber wir würden Sie gar nicht ärgern, Reni und ich", versprach Erika eifrig und mit ganz glühenden Backen — sie war sonst meist ziemlich blaß und farblos. Jetzt aber sah sie entzückend aus in ihrer Begeisterung, lebendig und munter. „Wir würden uns sicher herrlich verstehen, ach, und es müßte so wunderschön sein, nicht immer allein sein zu müssen."

„Ja, das wäre schön für dich", meinte Frau Jahnecke leise. „Dir wäre es schon zu gönnen!"

„Würden Sie denn wollen? Daß Reni wirklich ..."

Erika vermochte gar nicht zu Ende zu sprechen, so aufgeregt war sie. Frau Jahnecke war am Ende wirklich dafür, vielleicht sprach sie sogar mit den Eltern ...

„Können Sie nicht — ich meine, vielleicht könnten Sie mit Mutti sprechen und ihr sagen ..."

„Ach, Kind, ich! Ich kann doch nicht zu deiner Mutter gehen und ihr sagen: Ich möchte gern, daß meine Reni herkommt und es hier wie eine Prinzessin hat. Daß sie ein Pony bekommt und zwei Hunde, ein wunderschönes rosa überzogenes Bett, vierzehn Puppen ...“

„Frau Jahnecke, Sie machen Unsinn“, maulte Erika lachend, „außerdem hab ich nur dreizehn Puppen. Und Reni spielt doch gar nicht so gern mit Puppen, sagten Sie mal, — na ja, wenn sie auch immer Freundinnen da hat, braucht sie ja auch keine —!“ Das klang so bitter, daß Frau Jahnecke Erbarmen fühlte. Sie wurde ernst.

„Erika, du bist doch gar nicht mehr so klein, du kannst schon vieles verstehen, was Reni noch nicht kapiert“, sagte sie freundlich. „Glaubst du nicht, daß ich Reni s e h r gern hier hätte? Daß das schon immer mein heißester Wunsch war — aber manche Wünsche erfüllen sich eben nicht!“

„Warum denn nicht? Es würde doch herrlich gehen“, meinte Erika, hartnäckig an ihrem Plan festhaltend. „Warum soll ich denn immer allein bleiben? Wenn ich schon keine Geschwister hab’, will ich wenigstens eine Freundin haben dürfen!“

„Schön wäre es freilich“, sagte Frau Jahnecke leise, „vor allem für dich.“ Sie hatte schon immer diesen geheimen Wunsch mit sich herumgetragen, aber noch mit niemandem darüber gesprochen, da es Reni im Heim so gut zu gefallen schien. Immer hatte sie gedacht: Das Glück des Kindes ist wichtiger als mein eigenes. Nun aber, da Reni so betrübt geschrieben hatte ...

Sie stieg ab, denn sie waren am Park angekommen, und half auch Erika aus dem Sattel.

„Danke“, sagte Erika und sah zu ihr auf, merkwürdig forschend und fragend. „Möchten Sie — möchten Sie, daß Reni lieber n i c h t herkommt?“ fragte sie jetzt leise und seltsam eindringlich. Frau Jahnecke erschrak.

„Aber warum denn nicht? Natürlich möchte ich es, natürlich wäre es für mich das Allerschönste ...“

„Aber?“ fragte Erika.

„Aber ich kann doch nie und nimmer deine Eltern um einen solchen großen Gefallen bitten, das ginge denn doch zu weit“, schloß Frau Jahnecke freundlich, aber bestimmt. Erika sah sie noch rasch aus den Augenwinkeln an. Dann sagte sie ganz leise, so daß Frau Jahnecke es nicht mehr hören konnte, aber sie sagte es und nickte dazu mit ihrem eigensinnigsten Gesicht, einem Gesicht, das nicht mehr wie zwölf, sondern wie mindestens zwanzig Jahre aussah, also sehr erwachsen und sehr zielbewußt: „Sie nicht. Aber ich.“

Sie wanderte durch den Park dem Gutshaus zu, hatte alles Interesse an den Hunden verloren. Wenn sie sich ausmalte, daß sie hier nicht mehr allein gehen würde — es war kaum auszudenken! Einem andern Kind alles zu zeigen, die Ställe, die Scheunen, ihr eigenes Zimmer, die Bücher — und die Puppen auch. Sie, Erika, liebte nämlich die Puppen noch sehr, obwohl sie schon zwölf Jahre alt war. Sie hatte so viel Freude an allen Handarbeiten, und da war es natürlich schön, viele Puppen zu haben, die man anziehen konnte. Ihr Puppenbaby hatte einen ganz richtigen, in buntem Muster gestrickten Strampelanzug, rosa und hellblau, mit Knöpfen auf den Schultern und richtigen Füßlingen, alles so echt, wie es sonst nur für kleine Kinder gemacht wird. Und die Dorle, die größte Puppe, besaß einen Hut, den sie, Erika, ganz ohne Vorlage selbst gemacht hatte — ob Reni das auch konnte? Sicher hatte Reni nur immer keine Zeit gehabt, sich mit Puppen abzugeben, das war ja erklärlich, wenn man immerfort neue Gesichter um sich hatte. Vielleicht lernt sie es hier bei ihr und wird noch eine ganz richtige, eifrige Puppenmutter ... Was sie zu ihrem Puppenhaus sagen würde! Ein richtiges Puppenhaus mit aneinanderzuhängenden Wänden, die so hoch waren, daß man gerade noch darüber weggucken konnte — so eins hatte Reni bestimmt noch nie gesehen! Es hatte in der einen Wand ein Fenster mit Glas und Gardinen, und in der andern eine Tür — und Tapete — sie würden es dann, wenn solches Wetter war wie heute, in den Garten stellen, am Schaukelplatz, oder etwas mehr in die Büsche, damit nicht jeder es gleich sah. Und dann machten sie sich Bänke und Tische und Stühle aus Ziegelsteinen mit Brettern, die man drüberlegte, und mit dem kleinen Spirituskocher konnten sie kochen. Im Freien durften sie das bestimmt, da konnte ja nichts anbrennen, oder — sie fragten ganz einfach nicht erst...

Und Reni mußte natürlich mit in ihrem Zimmer schlafen. Einmal war eine Kusine von ihr dagewesen, vierzehn Tage lang, die hatte auch in ihrem Zimmer gewohnt, das war unbeschreiblich und unvergeßlich schön gewesen. Sie hatten sich abends vor dem Einschlafen immer so viel erzählt — dabei war die Susi noch ein paar Jahre älter als sie, wieviel schöner mußte das mit einem gleichaltrigen Mädel sein! Und ...

„Aber Erika? Wo steckst du denn? Ich warte und warte!"

Erika fuhr aus ihren Träumen auf und sah erschrocken in Fräulein Sonnesons vorwurfsvolles Gesicht.

„Ich wollte nur ..."

„Es ist längst elf, und du kommst nicht", schalt Fräulein Sonneson halblaut, nicht bissig und wütend, sondern mehr müde — sie war keine böse Sieben, diese ihre langjährige Hauslehrerin. Sie war freundlich und gutmütig und auch geschickt, einem etwas beizubringen; Erika lernte bei ihr eigentlich ohne große Mühe viel. Aber sie war doch eben nicht j u n g ...

Erika bat um Entschuldigung, jagte die Hunde in den Hof und ging ins Lernzimmer hinauf. Ihr Schulranzen lag auf dem Tisch mit der grünen Decke — sie sah auf einmal zwei Schulranzen dort liegen. Zwei Stühle hinter dem Lerntisch, zwei aufgeschlagene Lesebücher, zwei gelangweilte oder vor unterdrücktem Lachen fast platzende Mädelgesichter ...

„Heute wollen wir mal ein Gedicht besprechen und dann auch lernen", begann Fräulein Sonneson freundlich. „Du magst doch Gedichte gern, nicht wahr? Ich hab es auch gelernt, als ich so alt war wie du — ich ging damals noch in die Dorfschule."

„Hoffentlich nicht ‚Die alte Waschfrau'", dachte Erika, während sie ihr Lesebuch aufschlug, aber Fräulein Sonneson sagte eine andere Seitenzahl an.

„Ich lese es dir erst einmal vor“, sagte sie, und Erika guckte auf die Sonnenkringel, die durch das dichte Weinlaub am Fenster hereinfielen. Dabei hörte sie zu, wie ihre Lehrerin begann:

„Der Mensch hat nichts so eigen,
So wohl steht ihm nichts an,
Als daß er Treu erzeigen,
Und Freundschaft halten kann.
Wenn er mit seinesgleichen
Soll treten in ein Band,
Verspricht sich, nicht zu weichen
Mit Herzen, Mund und Hand...“

Ach, wie schön, dachte Erika entzückt, das ist doch, als ob der liebe Gott es gehört hat, was ich mir ausgedacht habe — schon ehe ich es ihm richtig gesagt und ihn darum gebeten habe. Er sieht einem eben ins Herz. Soll treten in ein Band ... ein Freundschaftsband. Dazu gehört eigentlich, daß wir uns auch ein äußeres Freundschaftsabzeichen ausdenken, etwas gegenseitig schenken, vielleicht eine Halskette? Mit den gleichen Anhängern ... oder einen Freundschaftsring ...

„Ja, ich kann das Gedicht schon, wenigstens den Anfang", sagte sie zu Fräulein Sonneson, als diese danach fragte. „Ja, ich habe es einmal in einem Poesiealbum gelesen."

In Renis Album schreib' ich dann auch, vielleicht in das neue — oder ich schenk' ihr eins — ich muß nur erst mit Frau Jahnecke sprechen. Das alte ist schon ganz voll, sagte sie — sie fühlte eine leise bohrende Eifersucht, beruhigte sich aber sofort wieder. Die Mädels, die nur sechs Wochen im Kinderheim gewesen waren, waren ja gar keine richtigen Freundinnen, nein, das konnten sie gar nicht sein. Aber wir, wir sind dann immer beisammen, immer, im Sommer und im Winter und in den Ferien und in der Schulzeit — und sonntags und wochentags. —

Ja, es war sicher ein Zeichen vom lieben Gott, daß er einverstanden war mit ihrem Plan, daß er sie gerade heute d i e s Gedicht lernen ließ. Wie gut, daß man Geburtstage hat, zu denen man sich etwas wünschen darf — und daß der Wunschzettel dies Jahr noch nicht geschrieben war. Sicher war Mutti einverstanden — sonst mußte sie es eben beim Vater versuchen, mit allen Mitteln ... wenn sie ihn bat, bat und bettelte: „Vater, ich will auch schrecklich folgsam und vernünftig sein — und fleißig in der Schule und artig zu Hause — Vater, ich möchte doch a u c h mal eine Freundin haben dürfen, bitte, bitte, Vater ...!"

Und vielleicht tat er es auch Frau Jahnecke zuliebe, dachte sie, wenn sie verzagt werden wollte — denn, daß das ein g r o ß e r Geburtstagswunsch war, fühlte sie deutlich. Er hatte Frau Jahnecke doch gern — sie war so tüchtig und nett. Ja, schon ihr zuliebe würde Vater nicht nein sagen!

Leben und Betrieb im Heim
Reni passiert etwas Schreckliches

Es war nicht mehr still im geliebten Heim am Berge, o nein, ganz im Gegenteil. Wenn auch die Hauptperson, der Doktor, fehlte, wenn die Garage zublieb und kein Auto am Abend oder nachts oder gegen Mittag den Hang heraufbrummte — Leben war doch wieder eingezogen, vielfältiges und buntes und junges Leben. Erst kamen die Tanten zurück. Wer sich unter dem Wort „Tante" etwas Altes, Umständliches oder Vertrocknetes vorstellt, der schießt vorbei: diese Tanten hier waren sämtlich jung, außer Tante Mumme, die nun schon jahrelang den Betrieb leitete. Die andern aber sahen aus wie große Schwestern von den Erholungskindern, mit kurzen Röcken und bunten Dirndlröcken und nackten braunen Beinen und den allerlustigsten Augen. Auch sie wechselten, wenn auch nicht so schnell wie die Kinder, aber länger als zwei Jahre war fast nie eine Tante hier, dann heiratete sie bestimmt.

Reni liebte am meisten die Tante Thea, die süße Tante Thea, die Turntante, an der aber auch alle andern Kinder immer am meisten hingen. Sie war klein und schlank und so biegsam wie eine Gerte, und es störte bei ihr nicht einmal, daß sie eine Brille trug. Ihre buschigen Haare flogen, wenn sie am Reck die Riesenwelle machte oder wenn sie wie ein Gummiball vom Trampolin wippte. Jetzt im Sommer waren alle Fenster in der Turnhalle heruntergelassen, so daß man dort wie im Freien spielte, wenn man an den Geräten war, und wieviel Bodengymnastik gab es draußen auf dem Hang, nur so zum Zeitvertreib und gar nicht in den „Stunden"!

Reni war um diese Zeit — wie immer, wenn Neue gekommen waren — so schwer beschäftigt, daß der Vormittag in der Schule eigentlich eine Erholung, ein Ausruhen bedeutete. Zu Hause, also im Heim, kam sie, außer beim Essen, keine Zehntelsekunde zum Sitzen. Die vielen neuen Kläuse und Peters, Lieselotten und Ingen zu behalten fiel ihr, da sie darin Übung hatte, gar nicht schwer;

sie wußte auch immer, wohin jedes gehörte. Es gab drei Schlafsäle im Haus, einen für Mädel, einen für Jungen und einen für Kranke. Zuerst verliefen sich die Neuen sämtlich wie auf einem großen Schiff, und Reni mußte den Lotsen spielen. Sie kam die ersten Tage aus einem beständigen Schweinsgalopp nicht heraus.

Sie selbst hatte ein kleines Zimmer im andern Haus, in dem, das auf der linken Seite vom Hof stand, wo auch Tante Mumme und der Onkel Doktor wohnten. Es war nicht viel anders eingerichtet als ein winziger Schlafsaal, denn Reni wollte vor den andern nichts voraus haben — ein schmaler weißer Schrank stand darin, das Bett, ein Bücherregal — das allerdings war ein Sonderbesitz, aber doch nötig — und ein kleiner runder Tisch am Fenster. Oft wurde sie auch „eingeladen", wenn sie sich mit einem Mädel besonders angefreundet hatte, und dann durfte sie für eine oder mehrere Nächte mit in einem Schlafsaal schlafen. Tante Mumme war darin großzügig und freundlich, seit Reni etwas größer geworden war. Dann wieder lud Reni die andern ein, zu ihr ins Zimmer zu kommen, und sie bewunderten dann ihre Bücher und Bilder, und erzählten von ihren eigenen Zimmern zu Hause, von ihren Freundinnen und Geschwistern.

Auf dem Tisch am Fenster stand ein schönes Bild, eine vergrößerte Photographie in einem schmalen, glatten Silberrahmen. Sie zeigt ein junges Mädel im Dirndlkleid und Spenzer, das auf einem großen Stein sitzt und sich gerade den einen derben, hohen Bergstiefel zuschnürt. Und daneben steht, nur im Halbprofil zu sehen, ein junger Mann, der über das Mädel hinweg nach den Bergen guckt, die gleich dahinter aufsteigen. Er ist auch in Trachtenzeug gekleidet, in kurzer Hose und Janker, aber sein Gesicht ist kein Jungengesicht mehr, sondern ernst und ruhig — wie die Berge sind. „Das sind meine Eltern", sagte dann Reni immer, wenn die fremden Mädel bewundernd davor standen, und jedesmal fühlte sie, wie ein glücklicher Stolz in ihr aufstieg. Die andern hatten Freundinnen und Geschwister, aber solch großartige und wunderschöne Eltern hatte bestimmt keins von ihnen.

Alle Erholungskinder beneideten Reni stets, daß sie hierbleiben durfte, für immer. Sie fanden das wundervoll und begeisternd — dann konnte sie doch immerfort am Rundlauf turnen und an den so sehr begehrten Ringen schaukeln — und im Schlafsaal ringsum in allen Betten schlafen, wenn sie allein war — sie nickte und lachte. Gerade jetzt war so eine wilde und lustige Liselotte da, die ihr tausenderlei vorschlug, was sie allein hier treiben würde — so als reichten die sechs Wochen, die sie hier wäre, nicht aus.

„Nein, aber nun müssen wir wieder rüber, die Tante Thea wartet sicher schon", sagte Reni endlich, „wir haben doch heute nachmittag noch mal freiwilliges Turnen. Und hinterher spielen wir noch ein bißchen Anschlagverstecken im Dustern, wollen wir? An der Henriette ist Anschlag, und ins Haus laufen gibt's nicht ..."

„O ja, o ja!" riefen die andern und liefen hinter ihr her. Am Abend saß sie dann allein in ihrem Stübchen und schrieb einen Bericht an den Onkel Doktor. Er mußte doch alles wissen. Dann fiel sie todmüde ins Bett.

Es zeigte sich, daß der Onkel Doktor, obwohl er doch beileibe nicht immer da war, doch die Seele des Kinderheims darstellte. Jetzt, wo er verreist war, fehlte er überall. Er hatte natürlich einen Vertreter da, aber der war jung und kannte so einen Betrieb überhaupt nicht, er wurde nur zu Krankheitsfällen gerufen. Und Tante Mumme ging es im Augenblick gar nicht gut, sie war durch die Hitze matt und viel nervöser als sonst. Fast jeden Tag passierte etwas Unvorhergesehenes.

Vielleicht lag es auch an den Kindern. Es waren dieses Mal besonders wilde und unbändige Exemplare, die zwar gut zusammenpaßten, aber doch mehr Unfug anstellten, als so leicht wieder gutzumachen war. Die Allerwildeste und Allerlustigste war wohl Liselotte, und gerade sie hatte sich mit Reni sehr zusammengetan.

An einem krachheißen Sonnabend erbarmte sich die Tante Thea, die sah, daß Tante Mumme ein Aufatmen nötig hatte, mitsamt einer andern jungen Helferin und schlug vor, mit allen Kindern einen Ausflug in die Berge zu machen. In die Blaubeeren — da konnte Tante Mumme sich erholen und Kraft sammeln für den Sonntag.

Die Kinder waren einverstanden, und Tante Mumme versprach ihnen bei ihrer Rückkehr eine große Menge rote Grütze mit Vanillesoße. Es wurde also gepackt, Brote mußten gestrichen und eingewickelt werden, und Reni überwachte wie immer deren Ausgabe und steckte für Liselotte und sich selbst vorsorglich noch zwei zusätzliche Päckchen ein. Schließlich ging es auch wirklich los. In den Bergen war es durchaus erträglich, denn die Bäume hielten die Luft kühl, und Tante Thea wußte herrliche Blaubeerflecke. Sie war ja hier aufgewachsen und kannte das Gebirge wie ihre Tasche.

Es ging alles glatt wie immer, wenn die junge Turnlehrerin das Kommando hatte. Sie ließ die Kinder sich erst einmal richtig satt tollen, dann jagte sie diese in die Blaubeeren, und gegen Abend sammelte sie alle um sich und erzählte ihnen, während sie ihre Brote aßen, eine lange Geschichte. Das war fast das Allerschönste.

Alle waren eigentlich ziemlich müde, nur Liselotte blitzte der Übermut noch so richtig aus den Augen. Sie hatte zu Hause nur Brüder und war selbst ein halber Junge. Die andern waren alle ein bißchen klein geworden und wollten nach Hause.

Nun konnten sie sich aber über den Heimweg nicht recht einigen. Reni und Liselotte behaupteten, sie wüßten einen Abschneider, sie wären erst vor kurzem hier gewesen und dann ganz schnell nach Hause gekommen, durch eine Schneise und dann durch Gebüsch — sie wollten es den andern zeigen. Tante Thea war nicht sehr für Abschneider.

„Meistens verläuft man sich und muß dann erst recht lange laufen und suchen, bis man die richtige Straße wieder hat", sagte sie aus Erfahrung. Reni aber lachte.

„Ich kenn den Weg schon!"

„Dann gehen wir ihn alleine — und zu Hause helfen wir die Tische decken, damit ihr gleich losessen könnt, wenn ihr heimkommt", schlug Liselotte vor. Tante Thea lachte.

„Oder ihr verlauft euch und kommt erst spät an, hungrig und durstig, und wir haben euch alles weggegessen."

„Jaja!" Die andern lachten und jubelten.

„Wir finden aber wirklich — wollen wir wetten? Wir sind bestimmt eher da als ihr!" beteuerte Reni, und nun waren die andern dafür, daß die Wette gelten sollte. Die beiden konnten ja ruhig mal sehen, wie sie allein durchkamen, und waren sie erst später daheim, so bekamen sie nichts von der ersehnten roten Grütze, auf die sich alle schon mächtig freuten. Damit sie sich endlich einmal ihre Großsprechereien abgewöhnten, jawohl!

„Wer spricht denn hier groß?" lachte Liselotte, die immer das letzte Wort behielt. „Ich etwa?"

Tante Thea hatte Reni zugeblinzelt. Sie mochte die kecke und selbstbewußte Liselotte gern und flüsterte deshalb mit Reni. Ob sie den Weg wirklich sicher wüßte? Ja? Dann sollten sie doch die Wette ruhig abschließen, aber gewinnen müßten sie diese. Reni nickte mit glänzenden Augen. Sie war ihrer Sache sicher.

So trabten sie also, nachdem noch einmal alles genau besprochen worden war, allein los, Reni und Liselotte, während die andern, die nun darauf brannten, loszugehen, den richtigen, markierten Weg einschlugen, den sie auch hinzu gegangen waren. Reni konnte Liselotte kaum folgen, sie sprangen über eine Lichtung, zwängten sich dann durch Gebüsch und rannten, als gälte es ihr Leben.

Reni fühlte, wie ihr die Haut unter den dicken Zöpfen ganz naß wurde, aber sie rief Liselotte nicht zurück. Sie mußten doch unbedingt zuerst ankommen!

Nach einer Weile merkten sie, daß sie sich verlaufen haben mußten. Hier waren sie damals nicht vorbeigekommen — „... wir müssen mehr nach links und einfach bergab", meinte Reni. Liselotte nickte, sie kämpften sich durch Brombeerranken und Unterholz und kamen dann auf eine ihnen völlig fremde Straße. Dann aber erkannte Reni eine Bank, die etwas unterhalb durch die Bäume schimmerte, und von neuem rannten sie los. Hopphopp — wirklich, sie hatten die richtige Richtung, und nach einer Viertelstunde trabten sie, schweißnaß und atemlos, im Heimhof ein, der noch — Gott Lob und Dank und Hurra! — leer war.

Erschöpft ließen sie sich auf eine der eingerammten Bänke fallen und schnappten erst mal nach Luft. Tante Mumme war nicht zu sehen, alles war noch friedlich und still. „Wir hopsen ins Planschbecken!" schlug Liselotte vor, aber das fand nun Reni doch zu unvernünftig.

„Nein, weißt du, das darf man nicht, so erhitzt ins kalte Wasser, aber duschen gehen wir, lauwarm duschen, das erfrischt auch herrlich!"

Sie taten es. Es war wunderbar, im Duschraum nackt herumzuspringen und sich zu spritzen, soviel man wollte, dann zogen sie ihre Luftkittel an und sahen sich nach neuen Taten um. Es war so schön, das Feld einmal ganz für sich allein zu haben.

„Wir haben doch versprochen, die Tische zu decken", erinnerte sich Reni. Liselotte machte ein saures Gesicht, gab aber dann nach. „Wir wollen nur erst mal sehen, ob es wirklich rote Grütze gibt", meinte sie, „sonst decken wir womöglich falsche Teller." Sie liefen in die Wirtschaftsküche und riefen nach den Mädeln, aber durch irgend einen Zufall fanden sie niemanden.

„Komm, wir gucken selbst nach", flüsterte Reni und zog Liselotte, die mit den Örtlichkeiten nicht so vertraut war, an der Hand mit sich. Ein großer, heller, luftiger Keller, der die „Verwaltung" hieß, öffnete sich vor ihnen. Hier standen ganze Regale voller Weckgläser, Flaschen mit Obstsaft, die man kaum zählen konnte, und auf dem Fußboden, auf Stroh aufgestapelt, Unmengen von Blechbüchsen. Die Hurden, auf denen winters die Äpfel lagerten, waren leider leer.

„Aber siehst du, hier — es stimmt schon!" jubelte Reni auf. Liselotte huschte hinter ihr her in den zweiten Keller: da standen auf einem Tisch im Dämmerlicht viele breite und große Schüsseln mit der dunkelroten, durchsichtigen Wabbelspeise, die niemand so herrlich und würzig kochte wie Tante Mumme. Und auf der Erde stand ein großer brauner Steintopf mit Vanillesoße. Die war gelb von Eiern und hatte oben eine wunderbare, runzlige, dicke, appetitliche Haut darauf. So schrecklich Milchhaut für die meisten Kinder ist, so gern mögen sie meistens Kakao- oder Vanillesoßenpelle. Liselotte jedenfalls sagte, sie äße sie schrecklich gern, und Reni nickte mit glänzenden Augen.

„Die Küchenmädel machen sie bloß immer kaputt, sie zerquirlen sie, ehe die Soße ausgegeben wird", sagte sie bedauernd.

„Ja? Da essen wir sie runter!" juchzte Liselotte leise. „Wenn sie doch nicht mit auf den Tisch kommt ..." „Aber wie?" Reni sah sie bedenklich an. Vielleicht fragte doch jemand danach, und ...

„Mit den Fingern!" schlug Liselotte vor, dann aber sahen sie ihre Hände doch zögernd an. Beim Duschen war zwar manches abgegangen, aber das Blaubeersuchen den ganzen Tag über hatte sie doch so gefärbt, daß man unmöglich damit in den Topf langen konnte. Aber vielleicht war hier irgendwo ein Löffel?

Sie suchten umher, schoben ein paar Schubladen auf und zu und horchten immer wieder hinaus, ob auch niemand käme. Endlich rief Liselotte triumphierend: „Hier!"

Sie hatte auf dem Fensterbrett einen hölzernen Rührlöffel entdeckt. Eins zwei drei fuhr sie damit in den Topf und angelte nach der begehrten kühlen, süßen Haut, Reni drängte sich neben sie, und sie schleckten und leckten. Ah, wunderbar — dort schwamm noch ein Stück — da hörte man draußen einen Schritt. Erschrocken richteten sie sich auf, wollten fort, Liselotte blieb am Topfhenkel hängen — bauz! — ein großer gelber See auf der Erde, die ganze Soße lief davon. Die beiden Mädel standen wie erstarrt.

„Liselotte!“ — „Reni!“

Die Schritte gingen vorbei. Aber damit war ja nichts geholfen ...

„Wir gehen gleich zu Tante Mumme“, sagte Reni dann zaghaft, ohne große Überzeugung, „oh, was wird sie sagen!“

„Wo sie doch auch noch krank ist!“ flüsterte Liselotte bedrückt. „Wir sagen lieber gar nichts — niemand hat uns doch gesehen!“

„Aber ausgegossen ist sie doch ...“

„Dann war es eben Mohrchen, wie neulich —.“ Vor zwei Tagen hatte der schwarze Kater, der im Heim lebte und von allen Kindern heiß geliebt wurde, etwas Wurst stibitzt. Tante Mumme hatte sehr gescholten, aber alle hatten flehentlich gebeten, Mohrchen nicht zu hauen. Sie wollten auch gern ihre Butterbrote „ohne“ essen. Reni war den Tränen nahe. „Ich mag nicht lügen!“

„Aber wir lügen doch nicht! Wir warten bloß ab — wenn uns jemand fragt, können wir immer noch die Wahrheit sagen!“

Sie horchten nach draußen. Liselotte faßte Renis Hand. „Los!“

Wirklich kamen sie ungesehen aus der Verwaltung und dem Wirtschaftsgebäude heraus. Reni dachte, das wäre vielleicht ein Zeichen, daß sie tatsächlich nichts sagen und Tante Mumme den Kummer ersparen sollten ... Die Soße war hin, so oder so, aber Tante Mumme war bestimmt viel ärgerlicher, wenn sie erfuhr, daß *sie* es gewesen war. Wenn Mohrchen es war, war es eben ein Küchenpech, weiter nichts. Bei ihnen aber war es eine richtige Ungezogenheit — sie bekamen so gutes Essen im Heim, daß Naschen wirklich häßlich war. Sie tat es sonst auch nie ...

Während sie noch, mit widerstrebendem Gefühl, neben Liselotte herlief, ertönte von der Liegewiese her „Huhu!“ und „Hallo!“ herunter, und die andern kamen im Rudel herabgerannt. Mit ihnen Tante Thea, lachend und fröhlich.

„Also habt ihr doch gewonnen! Aber lange könnt ihr noch nicht da sein!“ rief es durcheinander.

„Warum denn nicht?“ fragte Liselotte streitbar.

„Weil ihr noch keine Tische gedeckt habt, ätsch!“

„Ach, aber wir haben lange geduscht — und uns umgezogen ...“

„Aber Tischdecken gehörte auch mit zur Wette“, ereiferten sich die andern, die nicht zugeben wollten, daß sie verloren hatten. Es war ein lautes Hin und Her, das Tante Thea beendete, indem sie ihre Schützlinge in den Duschraum trieb. „Nun aber fix!“

Reni hatte im Augenblick ihr Unglück vergessen gehabt. Jetzt fiel es ihr wieder ein.

„Ich geh d o c h zu Tante Mumme“, dachte sie und sah sich nach Liselotte um. Die war nicht zu sehen ...

Da hörte sie hinter sich ihren Namen rufen. Sie fuhr herum —

„Reni! Hörst du denn nicht?“ Das war doch Mutters Stimme! Reni wirbelte herum, rannte, daß ihre Beine flogen, und gleich darauf hing sie an Mutters Hals.

Am Abend saßen sie bei Tante Mumme, Frau Jahnecke und Reni, und unterhielten sich. Tante Mumme war sehr betrübt, daß Reni fort sollte, aber sie sprach eigentlich nicht dagegen.

„Es ist zu viel, Frau Jahnecke, ich schaff' es nicht mehr“, seufzte sie bekümmert, „ich werde alt! Am meisten merk' ich es, wenn mein Bruder nicht da ist. Mit ihm zusammen, ja, da mag es noch gehen, aber allein ... Ich kann mich um das Kind nicht mehr richtig kümmern, neben dem ganzen Betrieb hier. Dabei täte ich es so gern! Ach, es ist hart, alt zu werden. Ich täte so gern noch ein paar Jahre mit! Aber ich versage, ganz und gar!“

„Aber Tante Mumme, Sie versagen doch nicht!“ tröstete Frau Jahnecke herzlich und legte ihre Hand liebkosend auf den Arm der alten Dame. „Es ist doch alles so schön in Schuß hier!“

„Nein, gar nicht“, widersprach Tante Mumme bedrückt, „ich bin nicht mehr die, die ich war. Heute erst — da hab' ich doch gesagt, es sollte Vanillesoße geben, den Kindern hab' ich's versprochen und den Küchenmädeln hab' ich es auch gesagt, bestimmt. Aber die — zu faul, welche zu kochen, oder hatten sie es verhört — bringen einfach Milch statt dessen auf den Tisch. Ich hätte nichts anderes gesagt. Und die Kinder hatten sich schon gefreut — man muß doch Kindern sein Versprechen halten!"

Reni sah zu Boden, ihr war, als müßte jeder, aber auch jeder an ihrem Gesicht sehen, was sie jetzt dachte. Oh, wie sie sich schämte!

Da hatten die Küchenmädel einfach den Mund gehalten, anständig und nett wie sie waren — wahrscheinlich hatten sie sie doch gesehen, als sie aus dem Keller hinausliefen, und wollten sie nicht verpetzen. Oder sie konnten es sich selbst nicht erklären ... Jetzt jedenfalls konnte sie doch aber nichts mehr sagen, oder? Denn dann zog sie die Mädel, die so nett zu ihr waren, mit hinein — und Liselotte natürlich auch ...

Sie sagte nichts. Niemand fragte sie ja, — aber sie hatte ein sehr, sehr schweres Herz, als sie an diesem Abend ins Bett ging, in ihr liebes, schmales, weißes Bett hier ...

Die Reise - Erika und ein neuer Anfang

„Du, Reni", sagte die Mutter und hielt im Packen inne — sie stand über den großen Koffer gebeugt und hatte gerade den Bademantel hineingelegt — „sag mal, fährst du eigentlich gern mit? Oder — nach deinem Brief dachte ich nämlich ..."

„Nach welchem Brief?"

„Nun, nach dem, den du mir neulich schriebst — daß es so traurig hier wäre, keine Kinder da, und der Onkel Doktor auch fort!"

„Ach ja, der." Reni stand und sah aus dem Fenster. Ihre Mutter blickte nachdenklich zu ihr hinüber.

„Ich habe mir immer so sehr gewünscht, daß du bei mir wärst, für immer. Aber ich mochte Niethammers nicht bitten — es ist doch eine sehr große Gefälligkeit, weißt du, wenn du mit dort wohnen und mit Erika zusammen erzogen werden sollst. Nun bat Erika von sich aus darum — und sehr dringend. Sie sehnt sich so sehr nach einer Freundin, war immer allein. Und du schreibst so betrübt, vor allem d e s h a l b wollte ich dich mitnehmen. Nun weiß ich nicht — du hast dich wohl mit Liselotte sehr angefreundet?"

„Mit Liselotte? Ach wo! Jedenfalls nicht mehr als mit den andern Mädeln hier", sagte Reni hastig. Es kam so rasch und unsicher heraus, daß Frau Jahnecke merkte: hier stimmte irgend was nicht. Aber sie war so wenig mit Kindern zusammen, immer hatte sie mit großen Leuten zu tun gehabt, und so meinte sie, sie könne sich auch irren. Trotzdem fragte sie noch einmal:

„Also kommst du g e r n mit, mein Mädel? Du brauchst mich nicht zu beschwindeln, bestimmt nicht — ich möchte wissen, wie du w i r k l i c h denkst..."

Reni verließ ihren Platz am Fenster, legte die Arme um Mutters Hals und schmiegte sich an sie an. „Ich komme gern mit, Mutter", flüsterte sie erstickt.

Es war wahr. Sie wollte fort hier — noch nie hatte sie so etwas getan wie die schreckliche Geschichte gestern. Sie mochte nicht hierbleiben. Vor Tante Mumme ein schlechtes Gewissen haben müssen, den Küchenmädeln begegnen und denken müssen: sie haben für dich gelogen — und gar Liselotte ins Gesicht sehen! Ach nein, sie wollte fort. Und wenn Mutter es sich wünschte, und Erika sich so freute...

Es war ja auch nicht mehr so, wie es früher gewesen war. Wenn auch Tante Mumme und Tante Thea und viele von den Kindern nett waren, so wie der Onkel Doktor war keiner. Und der kam vielleicht überhaupt nie wieder. Außerdem — w e n n er kam und von dieser Geschichte hörte — sie hatte bei ihm das Gefühl, als wüßte er immer alles, ähnlich wie der liebe Gott, wenn er auch nicht alles s a g t e , dann wollte sie erst recht nicht mehr hier sein. Denn er konnte bei aller Güte so streng sein, so schrecklich ernst — nein, sie wollte nicht. Schnell ging sie zum Schrank und hob einen Stapel Wäsche heraus, legte ihn aufs Bett. Schließlich gehörte jedes Kind zu seiner Mutter, gerade der Onkel Doktor hatte das immer gesagt.

Trotzdem wurde ihr der Abschied bitter schwer. Sie hing an Tante Mummes Hals und weinte, und es war ihr eine schreckliche Beschämung, als sie merkte, daß die alte Dame auch weinte.

„Sei nicht böse, Tante Mumme, bitte bitte!" flüsterte sie, mehr konnte sie ja um Liselottes Willen nicht sagen. Tante Mumme schnupfte gerührt. „Aber ich bin doch nicht böse, Kind, dummes, liebes du!"

Sie gaben ihr allesamt das Geleit, und es war ein so seltsames Gefühl, daß s i e es jetzt war, die von den andern zum Bahnhof gebracht wurde. Sonst war es immer umgedreht gewesen.

Solange sie noch die hellen Kleider und die winkenden Arme sah, hing sie aus dem Fenster, so weit, daß die Mutter sie hinten am Kleid festhielt, damit sie nicht hinauspurzelte. Sie schalt aber mit keinem Wort. Ein alter Herr, der als einziger mit ihnen im Abteil saß, schüttelte mißbilligend den Kopf. Eine Kindererziehung war das heutzutage!

Die Kindererziehung, über die er sich aufregen mußte, ging auch unverständlich weiter. Kaum hatte sich Reni hingesetzt, so packte die Mutter eine Tafel Schokolade aus und gab sie ihr, herrliche Nußschokolade, bei deren Anblick jedes Kinderherz lachen mußte. „Nun iß, wir wollen heute mal schrecklich unvernünftig sein!" sagte diese unglaubliche Mutter. Der alte Herr zuckte die Achseln. Da war es ja kein Wunder, wenn die Kinder s o wurden ...

Reni merkte es scheinbar nicht. Sie zählte die kleinen Vierecke, in die die Schokoladentafel eingeteilt war — oder besser, sie rechnete aus, wieviel es waren. An der Schmalseite vier, an der Längsseite zehn: das gab vierzig Stück. Durch drei — dreißig durch drei sind zehn, zehn durch drei sind drei Rest eins — das überzählige steckte sie gleich in den Mund. Dann brach sie, die Schokolade vorsichtig mit dem Silberpapier anfassend, den Rest in drei gleiche Teile, legte einen davon der Mutter auf den Schoß, nahm sich den andern, und den dritten reichte sie, mitsamt dem Papier, dem alten Herrn hinüber.

„Bitte schön! Weil Sie so traurig aussahen!"

„Aber Kind! Aber Kleines!“ stotterte der Herr in großer Verlegenheit, „das sollst du doch nicht!“

„Ach, ich hab' doch genug. Ich hab' sogar ein Stück mehr als Sie und Mutter, bloß es ging nicht auf“, sagte Reni eifrig und mit Genuß kauend, „im Heim bekamen wir nie eine ganze Tafel auf einmal!“

„Ja, bitte behalten Sie es doch“, sagte die Mutter und lächelte den alten Herrn warm und herzlich an, „Reni würde es sonst gar nicht schmecken, und mir auch nicht!“

Es wurde dann eine wunderschöne und fröhliche Bahnfahrt. Sie unterhielten sich, und es stellte sich heraus, daß der Herr Friedrichsaue kannte. Sogar Niethammers — er fuhr in die Nähe und versprach, als er ausstieg und sich von Reni und ihrer Mutter mit tausend Dankesbezeugungen verabschiedete, weil sie ihm seine Koffer herausreichten, daß er einmal auf Besuch kommen wollte. Sie winkten ihm nach, und sein Gesicht war jetzt ganz anders, „wie aufgetaut“, sagte Reni, und die Mutter nickte. Mutters Herz war auch aufgetaut; wenn es auch vorher nicht gefroren gewesen war — aber ängstlich war es gewesen. Der Zwischenfall mit der Schokolade hatte sie so seltsam beglückt.

Sie würde mit dem Kind schon zurechtkommen. Es war alles so schnell gegangen, Erikas Wunsch und die Zustimmung der Eltern Niethammer, ihre eigene Reise — und daß Reni überrascht war von ihrem Entschluß, sie nun zu sich zu nehmen, das hatte sie wohl gespürt. Der Brief Renis damals war wohl tatsächlich, wie sie schon angenommen hatte, mehr in einer augenblicklichen traurigen Stimmung geschrieben worden, aber es sind ja oft Kleinigkeiten, die uns in eine neue Richtung weisen, und trotzdem kann die Richtung richtig und gut sein ...

An der Station — Friedrichsaue hatte keinen eigenen Bahnhof, es lag ziemlich einsam mitten im Flachland — wartete der Zweispänner, und auf dem Bahnsteig stand Erika, gespannt und erwartungsvoll. Wenn Reni nun nicht mitkam? Frau Jahnecke hatte extra gesagt, sie wollte sie nur mitbringen, wenn Reni wirklich damit einverstanden sei. Aber vielleicht gefiel es Reni jetzt wieder im Kinderheim, wenn dort neue Erholungskinder gekommen waren, vielleicht ganz furchtbar nette, lustige Kinder? Und der Onkel Doktor konnte ja auch überraschend wieder heimgekommen sein, vielleicht weil er schneller wieder gesund geworden war oder einfach aus Sehnsucht.

Der Zug mußte unbedingt Verspätung haben, sie wartete doch sicher schon eine Viertelstunde. Nein, nach der Bahnhofsuhr waren es erst sieben Minuten, aber vielleicht stand die? Es war doch unmöglich, daß die Zeit so langsam verging!

Endlich tauchte die Lokomotive auf. Erika spähte die Wagen entlang — es konnte ja sein, daß sie den Zug verpaßt hatten und erst morgen kamen ...

Nein! Dort tauchte Frau Jahneckes helles Kostüm auf. Und, gottlob, sie drehte sich noch einmal nach der Abteiltür um und sprach mit jemandem, und nun hopste es mit einem einzigen Satz von oben herunter auf den Bahnsteig, ein Mädel mit blonden Zöpfen und einem weißen Südwester — das war Reni, zweifellos! Ach, lieber Gott, ich danke dir — Erika rannte den beiden entgegen, feuerrot vor Aufregung und Glück.

„Wie lieb, Erika, daß du kommst — nein, den Koffer trag ich selber! Da ist Reni — wirklich, sie ist größer als du! Und dabei ein Jahr jünger ..."

Sie lachten alle drei.

„Kein ganzes Jahr", ereiferte sich Erika, „ich hab' im August Geburtstag und Reni im Juni — da sind es nur zehn Monate ..."

„Woher weißt du denn, wann ich Geburtstag hab'?" fragte Reni erstaunt. Erika wurde noch röter als sie schon war.

„Ach, ich hab' halt deine Mutter gefragt!"

„Und du hast im August? Das ist doch jetzt bald", schwatzte Reni, während sie, mit Taschen und Koffern in den Händen, den Bahnsteig entlang gingen, „was wünschst du dir denn?"

„Ich hab' mir schon was gewünscht — und auch bekommen", sagte Erika halb lachend, halb verlegen, „aber ich bekomm' sicher

auch außerdem noch was, und du kriegst die Hälfte davon ab! Wir sind doch jetzt wie Schwestern!"

„Ach nein, du, lieber wie Freundinnen", sagte Reni und boxte den kleinen Koffer mit Schwung auf den Wagen hinauf, „Schwestern — wenn im Heim Schwestern waren, haben wir sie meistens getrennt. Eine in den einen Schlafsaal und eine in den andern, und möglichst an verschiedene Tische. Sonst gab es immerfort Zank. Die großen Schwestern wollten die kleinen erziehen, und die kleinen waren viel ungezogener, wenn die großen dabei waren, als wenn man sie allein hatte. Vor allem, wenn sie im Alter nicht so weit auseinander waren — eben so wie wir. Wenn eine ganz klein war, war die große manchmal sehr nett zu ihr. Aber bei beinah gleichaltrigen gab es immer Krach."

Erika sah sie mit staunender Bewunderung an. „Wir“, sagte Reni, „wir taten sie in verschiedene Schlafsäle“, und: „Wir trennten sie lieber ...“

„Du hast wohl dort — ich meine, du durftest dort wohl viel mitbestimmen?“ fragte sie scheu. Eigentlich hatte sie ein kleines, schüchternes, ziemlich trauriges Mädel erwartet, mit dem man hier lieb und tröstlich umgehen konnte ...

„Ja, ziemlich. Tante Mumme fragte mich immer: Was meinst du, Reni, wohin stecken wir die? Und den? Und wie machen wir diesmal die Tischordnung? Und was fangen wir mit diesem gräßlichen Klaus an, der immer am Essen mäkelt?“

„Ist das wahr, Reni?“ fragte Frau Jahnecke erstaunt. „War Tante Mumme so zu dir? Ließ sie dich so was bestimmen?“ Sie hatten sich alle drei im Wagen zurechtgesetzt und fuhren eben los. Reni nickte unbefangen.

„Ja, die Tischordnung hab' ich zuletzt sogar immer ganz allein gemacht. Das war so lustig — ich las doch immer alle Anmeldebriefe mit und dachte mir aus, wie das oder jenes Mädel aussehen würde ...“

„Hast du es immer richtig erraten?“ fragte Erika gespannt. Reni schüttelte den Kopf.

„Gar nicht. Ich hab' oft so lachen müssen, wenn die Kinder dann kamen.“

„Und wenn Erika Niethammer sich angemeldet hätte, wie hättest du dir die denn vorgestellt?“ fragte die Mutter lächelnd.

„Wie ein Schneewittchen, mit weißer Haut und schwarzen Haaren ...“

„Kunststück! Wenn ich hier vor dir sitze!“ lachte Erika.

„Nicht deshalb. Aber ich kenn' dich doch schon viele Jahre“, sagte Reni selbstverständlich. „Durch Bilder — und durch Mutters Briefe — sie hat mir doch immer alles von dir geschrieben!“

„Hier fängt unser Wald an“, sagte Erika froh. „Und alle Felder dahinter sind auch von uns — und die Teiche. Wir haben viele Teiche! Im Herbst gehen wir mit zum Karpfenfischen ...“ Ihr Herz fühlte eine niegekannte, stürmische Freude. Daß sie „wir" sagen konnte! Immer, wenn sonst einmal Besuch gekommen war, war das Besuch für Tage oder höchstens Wochen gewesen, jedenfalls für kurze Zeit. Aber daß man im Sommer sagen konnte: Im Herbst gehen wir zum Fischen ... oder: Im Winter rodeln wir ..., das war noch nie dagewesen, noch nie! Ach, wenn es Reni nur bei ihnen gefiele!

Auf dem Gut angekommen hätte sie Reni am liebsten gleich mit in die Ställe geschleppt. Aber es gab erst Essen — als Nachtisch zufällig rote Grütze und —, nein, keine Vanillesoße, sondern Milch. Reni war ganz erleichtert — sie behielt durch ihre ganze Kindheit hindurch einen leichten Grusel vor Vanillesoße, konnte sie nie mehr richtig genießen. Und wie gern hatte sie die früher gegessen! Es war wie eine Strafe vom lieben Gott: da sie es nicht eingestanden hatte, sollte ihr nie mehr welche schmecken.

Reni saß auch über der Milch mit etwas bedrücktem Herzen: vielleicht konnte sie die gräßliche Geschichte an Tante Mumme schreiben, wenn Liselotte wieder fort war aus dem Heim? In sechs Wochen? Vorläufig schob sie aber dann doch diese Überlegungen auf das Abstellgleis ihres Gedankenbahnhofs, es gab zu viel Neues zu sehen.

Ein Wunsch Erikas hatte sich, wenigstens vorläufig, nicht erfüllt: Reni sollte nicht bei ihr im Zimmer, sondern bei ihrer Mutter schlafen. Sie sagten auch beide nichts — Mutter sah so froh aus, daß sie nun nicht mehr allein wohnte.

Sie hatte ein Wohn- und ein Schlafzimmer. Im Wohnzimmer gab es einen Lederdiwan und einen tiefen Ledersessel, neben dem ein kleines Tischchen mit Aschenbechern und Zigarettenschachteln stand. Denn Mutter rauchte gern abends eine Zigarette und bot auch Leuten, die zu ihr kamen, stets welche an. Sie hatte sich das in dem langen Alleinsein angewöhnt, auch, daß sie viel in der Reithose umherging. Sie war nicht männlich geworden, aber so ungeheuer pferdeverbunden — wenn man sie ansah, dachte man sofort an Pferde.

Überall hingen auch Pferdebilder, und sie erzählte Reni sofort von allen wie von bekannten Leuten. Dies sei Wotan, und dies Sylvia, die jetzt das dritte Fohlen hatte — ein ganz ungewöhnlich schönes Tier. Und dort hinge ein Bild von Wunder, das einzige übrigens — er sei seit drei Jahren verkauft, aber sie konnte ihn nicht vergessen. Sie habe Herrn Niethammer so abgeraten, denn solch einen Hengst bekamen sie nie wieder...

Reni war das schon gewöhnt: Mutters Briefe handelten auch mehr von Pferden als von Menschen. Sie hatte sich das Gut eigentlich ganz von Pferden bevölkert vorgestellt und nicht gedacht, daß außer Niethammers und Erika, von denen die Mutter natürlich auch immer berichtet hatte, noch mehr Menschen auf dem Gut lebten. Jetzt staunte sie über die vielen, die sie im Hof sah.

„Dummerle, wir sind ein Gut, kein Gestüt, leider", lachte die Mutter. Noch ehe sie alle Sachen ausgepackt und verstaut hatten, kam Erika schon wieder angelaufen. Ob Reni mitkommen dürfte?

„Na, dann saust ab, wir räumen heut abend fertig ein", sagte die Mutter gutmütig. „Ich muß ohnehin auch hinüber ins Büro ..."

Die beiden waren schon auf und davon. Es gab doch so unendlich viel anzugucken und zu zeigen, zu fragen und kennenzulernen, eine ganze neue, unerhört interessante Welt... Nicht einmal zu den Puppen kamen sie an diesem Tage. Im Sommer sind Puppen auf dem Land Nebensache: gar zu viel Lebendiges und Buntes gibt es dann draußen, und Erika hatte auch ein bißchen das Gefühl, daß Reni sie womöglich ein bißchen über die Achseln ansehen könnte mit ihrer Liebhaberei. So nahm sie Reni lieber in die Ställe und Scheunen mit, in den Garten und auf die daran anschließenden Wiesen. Sie hatten beide verwilderte Schöpfe und rote Backen und einen fast unstillbaren Hunger, als sie endlich endgültig heimkamen. Frau Niethammer sah ihnen entgegen, und ihr schmales, gütiges und kluges Gesicht bekam einen warmen Schimmer. Wie sehr hatte sie sich immer noch ein weiteres Kind gewünscht, wie bitter ihre Kränklichkeit empfunden, die sie oft an Lehnstuhl oder Bett fesselte. Niemand wünschte Erika so sehr einen netten Kameraden wie sie, obwohl ihr ängstliches Herz sich sofort wieder allerlei Gefahren und Unfälle ausmalte. Alle Mutterherzen bangen, keins aber wohl so wie jene, die um ein einziges Kind zittern. Ein Kind ist kein Kind — aber jetzt, jetzt hatte sie doch zwei! Fast heftig fuhr sie Reni über die heiße Wange — liebes, liebes Kind du, mach dem meinen das Leben schön und bunt!

Ein neues Leben — Manches geht gut aus und manches weniger gut

Reni rannte über die Koppel, daß ihr heller Rock flog. Sie hatte die Mutter am andern Ende gesehen. Erika konnte gar nicht so schnell folgen. Aber Erika hatte auch Schuhe an.

Erika durfte so vieles nicht. Nicht barfuß gehen, nicht im Luftkittel laufen, nicht im Bach waten und erst recht nicht schwimmen gehen, wenn es ihr paßte. Sie hatte zwar Schwimmen gelernt, aber das nützte ja nicht viel, wenn man nicht ins Wasser durfte.

„Wart ihr wieder bei den Fohlen?“ fragte die Mutter.

Reni nickte:

„Aber bloß geguckt!“

Sie sprach die Wahrheit. Gerade, als sie wieder ihr Lieblingsspiel mit den jungen Pferden beginnen wollte — rechts und links eins an der Mähne fassen und dann heidi los über die Koppel! — hatte sie Mutter gesehen und war zu ihr hingelaufen, ohne Fohlen. So konnte sie Mutters fragenden Augen ehrlich standhalten.

Mutter hätte ihr das Fohlenrennen auch nicht verboten. Aber Frau Niethammer hatte Angst, wenn Erika es tat, ein Fohlen könnte sie treten oder über sie weglaufen oder so etwas. Dabei gehen doch Pferde n i e über Menschen, daß weiß jeder ...

„Ihr könnt in die Mühle fahren, ein paar Zentner Äpfel abholen, mit dem Dogcart. Seid aber pünktlich zum Essen wieder da!"

Die letzte Ermahnung war unnötig. Reni war vom Heim her an genaueste Pünktlichkeit gewöhnt, denn dort ging es ja einfach nicht, wenn jeder zu den Mahlzeiten kam, wann es ihm gerade paßte. „Komm, Erika!" rief sie und winkte der Mutter zu. Allein mit dem Pferd zu fahren gehörte zum Allerschönsten, was es gab.

Es war schon eingespannt, die alte, dicke Jule, die bestimmt keine Dummheiten mehr machte. Herr Niethammer stand dabei und ermahnte die Mädel noch ohne Ende, vorsichtig und verständig zu sein. Reni nickte und versprach, sie würde bestimmt auf Erika gut achtgeben. Dann nahm sie die Zügel.

Es war heiß, und die Jule nahm sich Zeit. Trotzdem fand es Reni herrlich, zu kutschieren. Sie fuhren den Wiesenweg nach der Mühle, und als sich der Bach ein bißchen der Straße näherte — er lief an sich in Windungen durch die Wiesen — meinte sie, sie könnten sich doch rasch ein wenig abkühlen. Niemand war zu sehen, so hatte auch Erika keine Bedenken, und gleich darauf platschten sie in den Bach hinein. Oh, es war herrlich, das kühle Wasser um die Beine zu spüren bei dieser Backofenglut!

„Aber die Jule muß auch was davon haben, sie hat sicher Durst", sagte Reni eifrig, „warte, ich spann' sie aus, mit dem Wagen kommen wir nicht rüber!"

Sie lief, nur mit dem Schlüpfer bekleidet, den sie als Badehose anbehalten hatte, zum Dogcart zurück und befreite die Jule von ihrem Geschirr. Nur den Zaum ließ sie ihr, womöglich bekam sie sonst die Trense nicht wieder in das Pferdemaul hinein. Die langen Zügel wickelte sie zusammen, wollte dann das Pferd hinüberführen, besann sich aber eines anderen. Sie schob und drückte es neben den Wagen, kletterte auf diesen hinauf und ließ sich auf den Pferderücken hinübergleiten.

„Los, Jule!" rief sie und schnalzte mit der Zunge, und als das nichts half, puffte sie dem Pferd tüchtig mit den Fersen in die Seiten. Wirklich, die Jule setzte sich in Bewegung, Erika schrie vor Schrekken und Begeisterung, als sie Reni so angeritten kommen sah.

„Fein! Nachher komm ich dran, ja?"

„Erst muß die Jule aber trinken", bestimmte Reni und trieb das Pferd an den Bach heran. Dann rutschte sie herunter. Die Jule trank, und Reni sah ihr andachtsvoll zu. „So, jetzt kannst du mal!"

„Wie komm ich denn rauf?" fragte Erika zweifelnd.

„Hier! Tritt hier rein!" befahl Reni eifrig und hielt ihr die verschlungenen Hände hin. Erika war etwas zaghaft, aber Reni ermunterte sie energisch. „Los, los, gleich bist du oben!" Sie behielt vorsichtshalber die Zügel in der Hand und führte das Pferd; aber Erika fand es auch so wunderschön.

„Nun müssen wir aber wieder einspannnen", sagte Reni schließlich. Erika rutschte, halb bedauernd, halb erleichtert, daß alles gut abgelaufen war, wieder herunter, und nun machten sie sich daran, wieder anzuspannen. Das war gar nicht so einfach. Alles will gelernt sein. Als sie schließlich so weit waren, daß sie meinten, sie könnten abfahren, rutschte beim Anziehen des Pferdes das ganze Gurtzeug nach hinten. Sie hatten vergessen, den Bauchgurt richtig festzuziehen. Reni sprang schnell vom Wagen und holte es nach. Nun ging es.

In der Mühle mußten sie erst eine Weile warten, weil die Müllersfrau gerade Wäsche aufhängte. „Ihr bekommt die Äpfel gleich! Kostet nur erst mal!" sagte sie freundlich und warf ihnen einige zu. Das war nicht dumm. Sie setzten sich an den Rand der Wiese und aßen, bis die Frau fertig war. Dann wurde der Korb Äpfel umständlich geholt, gewogen, verstaut, ein Sack dazu — es war dreiviertel zwölf, als sie losfuhren. Reni sah es am Uhrtürmchen der Mühle und erschrak.

„Wir müssen schnell machen, Mutter sagte extra ..." meinte sie und versuchte, Jule zu einem gelinden Trab zu bewegen. Aber die Jule machte nicht mit. Sie ging Schritt, soviel sie auch mit dem Zügel auf ihr dickes Hinterteil klatschten. Eine Peitsche hatten sie nicht mit und hätten sie auch nicht benutzt. Sie hatten eben vorhin zuviel Zeit vertrödelt, und nun kamen sie sicher zu spät.

„Zu Fuß wären wir schnell zu Haus", sagte Erika, „wenn man dort drüben durch den Bach geht und quer über die große Wiese — hier macht der Weg einen großen Bogen und wir müssen dann noch durchs ganze Dorf. Dortherum kämen wir sofort ins Gut hinein!"

„Da fahren wir eben so, wenn dort eine Furt ist", sagte Reni und bog sogleich in den Seitenweg ein.

„Wenn die Jule nur durchgeht", meinte Erika bedenklich, aber Reni hatte keine Sorge. Warum denn nicht!

Es stellte sich jedoch heraus, daß Erika doch besser Bescheid wußte, wenigstens manchmal. Kaum war die Jule bis zu den Fesseln im Bach, als sie stehen blieb, es schien ihr darin sehr zu behagen. Das kühle Wasser an den heißen, müden Füßen — mochten die beiden Mädel da hinten Hü! und Hott! rufen, soviel sie wollten. Sie riefen ausgiebig. Dann sprang Reni vom Wagen und watete vor, faßte die Jule am Zaum. „Los, du alte faule Schatulle!" schimpfte sie, aber es war ein Stück Arbeit, das große schwere Pferd zum Anziehen zu bringen. Und mehr als ein Anziehen wurde es auch nicht, der Wagen stand ja im Bach und die Räder waren bereits vom Sand überspült, so daß es sicher schwer ging, den Wagen zu bewegen. Mit jeder Minute schwerer ...

Reni zog, schrie und schimpfte. Nach einer Weile kam auch Erika dazu, aber es war nichts zu machen. Der Wagen versandete immer weiter, und die Jule stand wie ein Block. Dabei wurde es immer später.

Schließlich wurde ihnen klar, daß sie allein, ohne Hilfe, hier nichts ausrichten würden. Also los, einer mußte sich entschließen, einen Erwachsenen zu holen.

„Willst du laufen oder soll ich?“ fragte Reni. Erika sah so bedenklich drein, daß Reni gleich hinzufüge: „Bleib mal, ich geh schon, ich hab’s ja schließlich auch angezettelt.“

Sie rannte los. Kaum war sie in den Gutshof gekommen, da sah sie schon Frau Niethammer stehen, die nach der andern, der Dorfseite zu, ausspähte, bestimmt nach ihnen.

Sie huschte ungesehen von ihr ins Haus, suchte die Mutter. Zum Glück war sie in ihrem Zimmer.

„Ihr dummen Mädel!“ schalt sie erschrocken. „Wenn das Frau Niethammer erfährt! Dann läßt sie euch doch nie mehr allein fort. Na, wollen mal sehen, ob wir ihr den Schreck ersparen können.“

Es gelang ihnen tatsächlich, ein zweites, angeschirrtes Pferd abzufangen, das gerade von draußen kam. Mit ihm trabten sie zur Furt. Reni war schon wieder ganz getröstet, seit Mutter sich ihrer angenommen hatte, und genoß den kurzen Ritt. Mutter machte eins, zwei, drei den Retter. Sie spannte das Pferd vor die Jule, Frau Jahnecke nahm es am Zaum, und mit Holla Hopp! ruckte der Wagen an. Gott sei Dank, er ruckte nicht nur, sondern kam ganz heraus. Und nun zog ihn die Jule brav allein nach Hause.

Sie hatten das ganz große und unverdiente Glück, in den Hof zu kommen, ohne daß jemand sie sah. Frau Niethammer war inzwischen in der Unruhe ihres Herzens die Dorfstraße ein Stück hinuntergegangen. Kaum hatten die Mädel sich gewaschen und die verwilderten Haare glatt gebürstet, da tönte der Gong: halb eins. Frau Niethammer kam, sichtlich erregt und besorgt, ins Eßzimmer — da standen ja die Mädel!

„Wo kommt ihr denn her?“

„Wir sind gleich über die Wiesen gefahren“, sagte Reni rasch, und Erika murmelte:

„Weil wir so lange warten mußten in der Mühle!“

„Ja, seid ihr denn glatt durch den Bach gekommen?“ fragte Herr

Niethammer erstaunt. Reni wurde feuerrot, und ihre Mutter sagte schnell: „Das Wasser ist nicht hoch, jetzt, bei der Hitze!"

Es war ihr gar nicht recht, daß sie den Kindern so beisprang, aber im Augenblick ging es nicht anders. Nach Tisch nahm sie die beiden ins Gebet. „Daß mir sowas nie wieder vorkommt!"

Erika nahm ihre Ermahnungen sichtlich ernst, Reni dagegen schien wenig beeindruckt. Es war ja nichts passiert ... Am Nachmittag war sie bereits wieder auf der Koppel: Fohlenrennen. Erika saß am Rand und mochte nicht mitmachen. Sie hatte Bauchweh von den vielen Äpfeln, die sie gegessen hatte.

Reni hatte nie Bauchweh. Sie glaubte auch Erika nicht ganz, aber das war unrecht: Erika hatte wirklich Bauchweh und legte sich gegen Abend hin. Am andern Tag mußte sie im Bett bleiben und bekam Haferflocken, denn sie hatte einen verdorbenen Magen.

Reni war nicht so herzlos, daß ihr das nicht leid tat. Sie saß bei Erika am Bett und bewunderte, da sie ja nun doch nicht hinauskonnten, die dreizehn Puppen, die Erika hatte. Sie waren wirklich hübsch. Sie setzte sie alle in Reih und Glied aufs Fensterbrett, dann aber wußte sie nichts mehr mit ihnen anzufangen.

„Ich muß überhaupt noch einen Brief schreiben", sagte sie plötzlich. „Hast du Briefpapier?"

Ja, Erika hatte welches, hellblaues und rosa mit kleinen Blumenbildern und ihrem Monogramm, E. N., oben in der Ecke.

„Ob man das nicht ändern kann?" fragte Reni. Aber ihre eigenen Anfangsbuchstaben waren zu verschieden von denen Erikas. Schließlich meinte sie, man könnte es dem Onkel Doktor ja erklären, warum das oben auf dem Briefbogen stünde.

„Schreibst du an den Doktor?" fragte Erika. Sie hatte gedacht, Reni würde an irgend eine Freundin schreiben wollen.

„Ja, er muß doch wissen, wie es mir geht. Schreib du ihm doch auch", sagte Reni eifrig und brachte der Freundin eine Unterlage, einen Bogen und einen Bleistift. „Der genügt, weil du doch im Bett schreibst, ich nehm' natürlich Tinte. Hoffentlich mach' ich keinen Klecks."

Sie machte aber doch einen. Weil er aber erst passierte, als der Brief schon vier Seiten lang war, konnte niemand erwarten, daß sie deshalb noch einmal von vorn anfing. Da vom Radieren Kleckse noch nie wirklich weggegangen sind, ließ sie ihn stehen, lachte dann und malte ihm einen Kopf, zwei Arme und zwei Beine an. Nun

war er ein kleiner dicker Mann. Inzwischen war auch Erika fertig geworden, und Reni steckte beide Briefe in einen Umschlag, adressierte und klebte ihn zu. „Und jetzt spielen wir ‚Mensch, ärgere dich nicht'!"

Am andern Tag war Erika wieder gesund. Aber nun regnete es. Regen auf dem Land ist für Kinder schrecklich langweilig. Reni dachte mit Wehmut ans geliebte Heim — da gab es an solchen Tagen Kasperletheater oder Märchennachmittag oder sogar mal Kino. Hier gab es all so etwas nicht. Erika sah mit Schrecken, daß Reni sich langweilte — „Wir gehen in die Bodenkammer", schlug sie vor.

Das war eine gute Idee. Dort oben standen alte, dunkle Regale mit grünen, zerschlissenen Vorhängen davor, und darin konnte man die schönsten Entdeckungsreisen machen. Alte Bücher, verstaubte Spielsachen, Puppenstuben, Schachfiguren ohne Brett, ein zoologischer Garten mit Papiermaché-Tieren — an Langeweile war nicht mehr zu denken. Zum Schluß aber fanden sie das Schönste: eine Truhe mit Maskenkostümen. Nun konnten sie sich verkleiden, wunderbar!

Reni schrie und lachte vor Vergnügen, während sie eins nach dem andern hervorkramte. Bunte Schleier, knisternd steife Silbermützen, ein Pierrotkostüm, ein Schornsteinfegeranzug und vielerlei Larven. Reni kroch in alle Jungensachen, sie verkleidete sich so gern als Junge, während Erika sich als Königin der Nacht drapierte — in einem dunkelblauen Seidenkleid mit langer Schleppe und einem Halbmond in den offenen Haaren sah sie wirklich so aus, wenn sie durch den Bodenraum rauschte, mit hocherhobenem Haupt und majestätisch wie eine geborene Durchlaucht.

Auf dem Boden schlief auch die Mamsell, sie hatte das Giebelzimmer nach Westen. Es war nicht verschlossen, Erika huschte hinein.

„Wie hübsch das hier ist!" sagte Reni verwundert. Sie konnten die Mamsell nicht sehr gut leiden, weil sie immer schimpfte. Reni und Erika behaupteten, sie wäre geizig . . . das sagen wohl alle Gutskinder von ihren Mamsellen. Aber man kann ja nicht erwarten, daß diese braven Wirtschafterinnen einem dauernd pausenlos Äpfel, Kuchen oder ähnliches zustecken.

„Wollen wir ihr nicht ein Gespenst aufbauen?" schlug Reni vor, und Erika, die sich erst neulich über die Mamsell geärgert hatte, als sie für die Puppen kochen wollte und kein Puddingpulver herausbetteln konnte, war sofort einverstanden. Sie liefen hinüber und

suchten aus der Truhe einen dunklen Anzug heraus, hingen ihn über einen Besen und stopften ihn mit alten Tüchern aus. Als Kopf nahmen sie ein Handtuch, das sie zusammenwickelten, steckten die scheußlichste Larve, die sich finden ließ, davor und stülpten obendrauf einen alten Hut. So kam der Buhmann in die Stubenecke.

„Hoffentlich kommt sie erst abends rauf, damit sie recht erschrickt", sagte Reni, „am Tage sieht man's gleich, daß es bloß altes Zeug ist!"

Sie stopften das übrige in die Truhe zurück, wie es gerade kam, und liefen hinunter, um sich Vesperschnitten zu holen. Der Regen hatte übrigens aufgehört, und Herr Niethammer fragte, ob sie mit in die Schäferei fahren wollten. Natürlich wollten sie. Darüber vergaßen sie ihr Gespenst vollständig.

Es wurde ihnen aber ins Gedächtnis zurückgerufen, und zwar sehr nachdrücklich. Schon eine ganze Weile nach dem Abendbrot — Mutter hatte sie eben ins Badezimmer getrieben und ein bißchen gescholten, sie sollten sich doch endlich beeilen — ertönte ein lautes Geschrei, und im Flur gab es ein Hin und Her und Rufen und Kreischen. Die Mamsell stand, in die Schürze heulend und an allen Gliedern zitternd im Treppenwinkel und verschwor, nie wieder auf den Boden zu gehen; in ihrem Zimmer stünde ein Kerl. Als die andern ihr das auszureden versuchten, wurde sie ganz giftig. Sie hätte ihn genau gesehen und auch erkannt, ja wohl! Ganz genau, niemand könnte ihr das ausreden! Und keine zehn Pferde brächten sie jemals wieder auf den Boden hinauf . . .

Es gab ein langes Hin- und Hersprechen, und Reni und Erika hörten hinter der angelehnten Badezimmertür zu, aber sie lachten gar nicht mehr über den durchschlagenden Erfolg ihrer herrlichen Idee. Im Gegenteil . . . Schließlich gingen Herr Niethammer und ein Kutscher hinauf, die Mamsell blieb ihren vielfachen Eiden treu und unten. Nach fünf Minuten war alles aufgeklärt.

Herr Niethammer war sehr ärgerlich, mehr eigentlich über Mamsells Anstellerei als über die Dummheit der Mädel, aber er mußte natürlich auf sie als die Urheber des Theaters schelten. Das tat er denn auch, donnerte, daß sie ganz klein und häßlich dastanden und sich in ein Mauseloch wünschten, und dann brummte er zu Mamsell:

„So, rauf jetzt, so ein Kerl tut nichts!"

Leider aber war die Mamsell eine von denen, die Haare auf den Zähnen haben.

„So, rauf jetzt — kommt gar nicht in Frage! Entweder ich krieg' jetzt endlich ein Zimmer in menschlichen Gefilden oder ich gehe zum Ersten, so wahr ich hier stehe! Immer hab' ich schon gesagt . . ."

Ja, sie hatte schon seit je über ihre Unterbringung unter dem Dach gemault und räsoniert. Reni wußte das nicht, sie glaubte, sie allein wäre nun schuld, daß die Mamsell schließlich, um Ruhe im Haus zu bekommen, von Frau Niethammer im Fremdenzimmer einquartiert wurde. Das hatte die gerissene Dicke längst vorgehabt, und nun ergriff sie die Gelegenheit mit Wonne. Aber für Frau Niethammer war es ärgerlich und für Erika und sie schrecklich peinlich ...

Sehr gedrückt kroch Reni an diesem Abend ins Bett. Mutter hatte sehr ernsthaft gescholten — erst die Geschichte mit dem Wagen im Bach, dann Erikas verdorbener Magen —, daß Reni daran nicht Schuld war, sah Mutter anscheinend nicht ein, Mütter sind so. Wenn sie schelten, schelten sie in Bausch und Bogen ... Und nun diese Gespensteraffäre.

„Du mußt doch bedenken, daß es sehr nett ist von Niethammers, wenn du hier sein darfst", sagte sie vorwurfsvoll. „Wenn du drei Jahre alt wärst, könntest du das nicht verstehen. Aber so! Und Leute erschrecken soll man nie, das ist genau wie bei Pferden. Ein Schreck kann fürs Leben schaden ..."

Gottlob, daß sie bei den Pferden angelangt ist, dachte Reni ein klein bißchen erleichtert. Wenn Mutter auf dieses Thema kam, wurde sie sanfter, das wußte sie aus Erfahrung, schon weil man eben mit Pferden *immer* sanft sein muß. Trotzdem mußte sich Reni noch eine ganze Weile anhören, wie ein Schreck auf dieses oder jenes Pferd schädlich gewirkt hatte. Sie schlief schließlich darüber ein, ohne Absicht, sie war sehr müde ... Mutter merkte es erst viel später. Sie seufzte. Es war nicht so leicht, eine kleine Tochter bei sich und doch nicht genug Zeit für sie zu haben.

Neues vom alten Doktor
Schon wieder geht etwas schief

In der Frühstückspause — Fräulein Sonneson war von ihren Ferien zurückgekehrt und unterrichtete die Mädel jetzt wieder — lief Reni ins Büro hinunter. „Sicher ist ein Brief für mich da", hatte sie Erika zugerufen. Gleich darauf erschien sie wieder, einen weißen Umschlag schwenkend. „Ich hab's ja gewußt! Hurra!"

Erst aber suchte sie sich doch noch mit genießerischer Ruhe eins von den Broten vom Teller, der immer, wunderbar in seiner verschwenderischen Auswahl, den Studierenden aus der Küche heraufgeschickt wurde. Katri, das Küchenmädel, machte ihn täglich fertig, und bei ihr hatten die Mädel „Stand". Außer den Brotschnitten bekamen sie auch noch herrlich kalte Milch oder Buttermilch, manchmal auch, wenn es kühler war, eine Tasse Fleischbrühe. Fräulein Sonneson ging mit ihrem Frühstück meist auf den Balkon hinaus, während die Mädel im Lernzimmer blieben. Das Lernzimmer war überhaupt so gemütlich, mit dem großen Tisch und der niedrigen Decke und den vielen Bücherregalen ringsum.

Reni schlitzte den Brief mit dem Löffelstiel auf, gab Erika einen Zettel, der für sie eingelegt war — der Onkel Doktor dankte ihr für den schönen Brief, den sie unbekannterweise geschrieben hatte — und hockte sich dann mit dem ihren ans Fenster. Sie las, während sie aß, bald aber vergaß sie, zu beißen und zu kauen, Erika sah es deutlich. Sie wurde unruhig, mochte aber nicht fragen. Was hatte Reni denn? Reni las:

„Liebe Reni! Dein liebevoller Brief mit dem zweifellos vollendet gelungenen Portrait meiner schönen Figur auf der letzten Seite —" Reni wußte erst gar nicht, was er meinte, bis sie sich an ihren verschönten Klecks erinnerte und lachen mußte — „hat mein Herz erwärmt. Trotzdem mußte ich ein bißchen weinen. Nicht in Wirklichkeit — sei beruhigt — aber im Innern. Ich erfuhr es schon durch Tante Mumme, daß der Vogel ausgeflogen sei. Treulose Du! Wer soll mir denn von nun an die Sorgenfalten von der Stirn streicheln, wie Du das bisher mit Deiner schlohengelweißen Hand so erfolgreich besorgtest? Hast Du denn gar nicht an Dein vornehmstes Amt gedacht???

Ich werde also von jetzt an rettungs- und hemmungslos verrunzeln. Nun, sei es drum, wenn Du nur glücklich bist! So sagt jeder, der seinen Nächsten mehr liebt als sich selbst. Bist Du glücklich? Wenn nicht, werde ich Dir postwendend Deinen besten Teil versohlen. Ein Kind, das endlich bei seiner Mutter gelandet ist, hat glücklich zu sein, verstanden?

Liebe kleine Reni, in Deinem Leben hat sich so ganz plötzlich viel geändert, in meinem tut es das auch. Ich wollte Dir das alles mündlich erklären, alles erzählen, wenn ich wiederkomme und wir am Kamin sitzen, und nun bist Du fort, so muß ich es also schreiben. Sicher weißt Du nicht, daß ich, ehe ich zu Tante Mumme ins Haus zog, verheiratet war, wir haben nie davon gesprochen. Meine Frau war sehr anders als ich und langweilte sich oft, weil ich immer und immer zu tun hatte und fortgeholt wurde. Da haben wir uns dann getrennt, schon vor vielen Jahren. Jetzt ist sie gestorben. Ich gehöre ja nun schon so lange dem Heim und Euch, Ihr kleinen, frechen, ungezogenen und geliebten Kerle, daß ich wohl traurig, aber nicht untröstlich bin wie vielleicht ein anderer Mann, dem die Frau genommen wird. Es ist etwas anderes, sehr Wichtiges, was sich nun in meinem Leben ändert: wir haben nämlich einen Sohn, einen großen Jungen, der bisher bei der Mutter war und nun zu mir kommen wird. Er ist schon fünfzehn Jahre alt, der Christian, und mir doch noch ganz fremd. Den will ich nun ins Heim nehmen, und da habe ich an sich mit Dir gerechnet und mit Deinem Beistand, kleine, liebe Reni, daß Du ihn liebgewinnen und ihm eine recht gute, tapfere kleine Freundin werden würdest.

Damit ist es nun nichts. Und jedes Kind gehört nun einmal zu seiner Mutter oder seinem Vater. Und Tante Mumme wird auch lieb zu Christian sein. Aber vielleicht schreibst Du ihm auch mal einen solch lieben und lustigen Brief wie mir neulich? Ich bin, offen gestanden, ein bißchen bange, wie er sich bei uns einrichtet. Wenn Du da wärst, wär das leichter.

Nun sieh zu, daß Du Deiner kleinen neuen Freundin ein rechter guter Kamerad durch dick und dünn wirst! Weißt Du, es kommt viel mehr darauf an, daß man Freude b r i n g t , als daß man selbst welche erfährt. Und Erika braucht wohl eine Freundin, wie mir scheint. Daß Du Deine Mutter liebhaben und ihr keinen Kummer machen wirst, nehme ich selbstverständlich an. Grüße sie, an Erika liegt ein Zettel bei. Aber vergiß auch nicht und behalte fest in Deinem Herzen Deinen alten Doktoronkel."

„Reni, was ist?" fragte Erika scheu, als Reni sich gar nicht rührte. Sie hatte beide Hände in die Backen gestützt und die Ellenbogen aufgestemmt, so saß sie und starrte auf den Brief herunter. Schon viele Minuten... Sie mußte doch fertig sein mit dem Lesen, oder?

„Ja", sagte sie jetzt auffahrend, und Erika konnte ihr Gesicht erkennen — Tränen waren das nicht. Oder n o c h nicht? Auf jeden Fall sah Reni ganz verändert und sehr ernst aus.

„Geht es, ich meine, ist der Onkel Doktor vielleicht kränker geworden?" fragte Erika, „oder hat er sonst was Trauriges geschrieben?"

„Traurig — nein, doch, ja, seine Frau ist gestorben. Aber sie war schon lange von ihm fort", sagte Reni verwirrt. Dann kniffte sie den Brief hastig wieder zusammen, schob ihn in den Umschlag zurück und steckte ihn ins Lesebuch. „Fräulein Sonneson muß doch gleich wieder kommen, Frühstück ist wohl längst vorbei, oder nicht?"

„Aber du hast doch noch gar nichts gegessen“, sagte Erika ängstlich, „willst du nicht ...“

„Nein, danke ich hab' keinen Hunger“, sagte Reni und schob den Teller mit den Broten fort, „auch keinen Durst, nein, danke wirklich. Was haben wir jetzt? Erdkunde?“

„Nein, Rechnen. Du weißt doch, die Aufgaben mit Prozent, die schweren ...“

„Ach ja.“ Reni beugte sich neben Erika über das Heft, und Erika sagte auch nichts mehr.

Am Nachmittag hatten sie die Erlaubnis bekommen, schwimmen zu gehen. Fräulein Sonneson wollte mitgehen — Mutter hatte keine Zeit. Es wäre natürlich viel schöner und lustiger gewesen, wenn Mutter mitgegangen wäre. Reni war ein bißchen verbockt, daß sie es nicht tat — sie sah nicht ein, daß Mutter sich nicht einmal eine Stunde für sie freimachen konnte. Schließlich saß sie doch abends nach Feierabend a u c h noch über den Gutsbüchern. Aus einem gewissen Trotz heraus hatte sie ihr deshalb auch noch nichts von dem Brief des Doktors erzählt ...

Der Fluß machte an der Stelle, an der der Mühlgraben abgeleitet wurde, eine Wendung, dadurch war er dort breiter und tiefer und ganz ruhig — auf der einen Seite fiel er über das Wehr hinunter, auf der andern schoß der schmale und reißende Mühlgraben in sein Bett. Bis dahin durfte man natürlich nicht schwimmen, denn da war die Strömung zu stark, aber ein Stück oberhalb war es herrlich und auch ganz ungefährlich. Man konnte sogar hineinspringen, mit einem flachen Hecht, der Grund war so weich und schlammig, daß es scheußlich war, hineinzugehen. Reni war glücklich, daß sie endlich wieder einmal schwimmen konnte, und tobte und lachte und schrie, und Erika ließ sich von ihr anstecken. Fräulein Sonneson hatte sich in den Schatten der am Ufer stehenden Weidenbüsche gesetzt und ließ die Mädel nicht aus den Augen, aber sie schalt weder, noch war sie überängstlich. So richtig beruhigt waren die beiden aber erst, als sie sahen, daß sie eine weiße Häkelei auspackte. Nun war sie untergebracht.

Weiter oberhalb lag ein Boot angekettet, das war natürlich eine willkommene Entdeckung. Es war alt, stand spannenhoch voll Wasser und man konnte es auch nicht losmachen, aber in dem Halbkreis, den die Kette zuließ, konnte man doch schön kahnfahren. Reni balancierte auf dem Rand und fiel dann ins Boot hinein, mitten in das darinstehende Schmutzwasser, und Erika lachte darüber so, daß sie auch das Gleichgewicht verlor. Aber sie waren ja schon naß, da schadete das nichts, nur ihre Haare tropften nun auch — sie hatten beide keine Bademützen und deshalb die Zöpfe hochgebunden gehabt, nun aber hingen sie wie nasse Schlangen um Hals und Schultern.

„Eklig — wollen wir sie uns nicht abschneiden?" fragte Reni und lachte über Erikas Entsetzen. Dann verließen sie den Schauplatz ihrer Tätigkeit und schwammen zu Fräulein Sonneson hinunter.

„Wir wollen doch mal unters Wehr gehen", schlug Reni vor, nachdem sie sich eine Zeitlang im Gras und in der Sonne geaalt hatten, „das denke ich mir herrlich, wenn es so auf einen runterhaut!"

„Daß euch aber nichts passiert — ich geh lieber mit!" sagte Fräulein Sonneson und stand auf. Sie kletterten über den Hang hinunter, dorthin, wo das Wehr, das vielleicht drei Meter hoch herunterstürzte, auf die Steine aufschlug. Es riß da unten auch noch gewaltig, und die Steine waren naß und glitschig von Algen.

„Du kommst nicht bis ran!" prophezeite Erika, die neben Reni stehengeblieben war, aber Reni versuchte es immer wieder. Sie stand in dem fußhohen, reißenden Wasser, das ihr bis an die Knie und manchmal bis an die Hüften hinaufschäumte, und schob sich immer näher heran, und dann — Erika schrie laut auf — verschwand sie auf einmal hinter dem dicken, gelblichen Wasservorhang. Sie war bis hineingekommen, nein, diese Reni!

Ein paarmal kam ihre Hand hervor, die aber von dem herabstürzenden Wasser sofort wieder heruntergerissen wurde, manchmal da, manchmal dort. Man mußte hinter dem Wehr hin und hergehen können, es war für die Zuschauer richtig spannend, wo sie nun auftauchen würde. Dann kam ein Fuß zutage — und dann auf einmal die ganze Reni, sie kam geschossen, auf dem Hosenboden sitzend, rutschte aus dem Wehr heraus, drehte sich um sich selber, fing sich wieder, rutschte von neuem weiter und kam dann lachend und triefend angekrochen, noch ganz taumelig und benommen. Erika sah ihr gespannt entgegen.

„Erzähl doch mal, kann man dahinter stehen?"

„Na, aber! Gut! Es ist wie hinter einem Vorhang, aber einen Krach macht das Wasser!"

„Ich will auch mal dahinter!" zappelte Erika. „Komm, wir gehen miteinander!"

„Aber Kind, wenn dir was passiert!"

„Was soll mir denn passieren, Fräulein Sonneson? Reni ist doch auch nichts passiert, und sie ist ganzbeinig wieder rausgekommen, und meine Zöpfe sind sowieso schon naß. Oder ist da drin die Wassernixe?" fragt Erika lachend, wenn auch trotz allem etwas ängstlich. Reni hatte sie schon an der Hand gepackt.

„Weder Wassernixe noch Wassermann, nur Wasser!"

Sie schoben sich, nebeneinander und fest angefaßt, wieder an das Wehr heran. Fräulein Sonneson sah ihnen mit ihren guten braunen Augen besorgt nach, mochte es aber nicht direkt verbieten. „Vorsicht!" rief sie immer wieder. „Jaja!" antwortete Reni dann, ohne den Kopf zu wenden, für sie beide. Sie mußten genau aufpassen jetzt.

Erika klammerte sich fest an Renis Hand und rutschte ein paarmal aus, aber sie blieben doch aufrecht. Immer näher kamen sie dem herunterstürzenden Schwall.

„Keine Angst! Einfach durch und rein!" schrie Reni Erika durch das Tosen zu, und riß sie mit sich.

Erika war wie betäubt, man mußte schnell durch den Vorhang hindurch und dahinter, sie aber war nur hindurchgegangen und stand nun einen Augenblick, während ihr das Wasser auf Kopf und Schultern haute . . .

„Du bist verrückt, hat's weh getan?" schrie Reni ihr ins Ohr. Erika schüttelte den Kopf, sie standen miteinander in der gelblichen, nassen Dämmerung, die hinter dem Wasservorhang herrschte, und es lief ihnen an den Gesichtern und Haaren herunter. Das ganze Wasser stürzte nämlich nicht im Bogen herab, sondern viel lief und spritzte auch daneben — es war jedenfalls ganz komisch und völlig neu hier. Wenn man sprach, bekam man es in den Mund, und in die Augen lief es einem auch dauernd. Reni steckte wieder die Faust in den Vorhang, da schlug ihr eine Sturzwelle an den Bauch — sie zog die Hand schnell wieder fort.

„Und wie kommt man wieder raus?" fragte Erika schreiend. Reni schrie zurück: „Vorhin bin ich gerutscht, aber wir können auch im Stehen, wenn wir uns einander festhalten. . ."

„Bloß noch einen Augenblick!" Erika wollte noch nicht, teils, weil es ihr hier zu gut gefiel, teils, weil sie doch ein bißchen Angst hatte vor der Rückreise. Reni lachte und machte die Augen zu und den Mund auf, ließ das Wasser hinein und über die Zunge laufen. „Jetzt sind wir Wassernixen — ganz aus Wasser!"

„Los, wollen wir jetzt?" fragte sie nach einer Weile. Erika klammerte sich fest an sie an, hier hinten war keine Strömung, da hatte sie allein und ganz sicher gestanden. Aber jetzt war es besser, sie vertraute sich der Freundin an . . .

„Achtung jetzt!" schrie Reni, sie fühlten beide das Wasser auf sich einprasseln, Reni schoß ein bißchen zu schnell heraus, zog Erika nach, verlor die Balance und wackelte, während sie nebeneinander auf den glatten Steinen entlangrutschten, bemüht, das Gleichgewicht zu halten. Einen Augenblick schien es, als gelänge es ihnen, aufrecht zu bleiben, aber man hatte auf den verflixt glatten Steinen keinen Halt. Erst fiel Reni, sie wollte Erika nicht mitreißen und sie deshalb loslassen, aber Erika klammerte sich ganz fest an sie an und wurde dadurch mitgerissen. Reni fiel leicht und seitlich, es war mehr ein Hinrutschen als ein Stürzen. Erika dagegen plumpste schwer und ungebremst auf den einen Arm. Sie schrien beide. Fräulein Sonneson am Ufer schrie auch.

Reni krabbelte sofort auf allen vieren zu Erika und wollte ihr aufhelfen, aber die winkte mit dem einen Arm ab.

„Es ist auch besser, wir bleiben unten, wir fallen sonst doch bloß wieder hin!“ lachte Reni und spuckte Wasser aus, „komm, dort rüber. So, jetzt sind wir gleich gerettet aus den Niagarafällen!“

Erika kam nach. Reni fiel es nicht weiter auf, daß sie still war und nicht mitsprudelte — so wie sie, die das Ganze sofort Fräulein Sonneson schilderte —; erst nach einer Weile merkte sie, daß Erika ganz still saß.

„Hast du dir wehgetan?“ fragte sie mitleidig.

„Ach, bissel. Am Arm“, sagte Erika, die sich nichts anmerken lassen wollte. Fräulein Sonneson konnte es nicht lassen, ein „Siehst du!“ dazuzugeben, aber sonst war sie nett und freundlich wie immer. „Wollt ihr euch nicht anziehen?“ fragte sie.

Als sie zu dem Platz, wo die Sachen lagen, zurückgingen, merkte auch Reni, daß es Erika nicht gutgehen mußte.

„Wo tut's denn weh?“ fragte sie leise. Erika schüttelte den Kopf. Aber beim Abtrocknen biß sie die Zähne zusammen und gestand endlich kleinlaut, sie könne nicht allein in ihr Kleid. Der Arm täte so weh, sie könne ihn nicht heben.

„Welcher?“ fragte Fräulein Sonneson ahnungsvoll. Der rechte! Reni trocknete ihr die Haare, sie verstand sich darauf, die Zöpfe ins Frottiertuch zu wickeln und dann auszuwringen wie ein Wäschestück — und zog ihr hilfsbereit das Dirndlkleid über den Kopf.

„Es wird schon wieder besser!“

Es wurde aber immer schlimmer. Fräulein Sonneson hängte den Arm in eine Schlinge, die sie aus einem Halstuch machte, und dann gingen sie langsam und kleinlaut über die Wiesen nach Hause.

Erika war sehr tapfer und vernünftig, aber sie hatte ziemliche Schmerzen. Frau Niethammer erschrak sehr, als sie sie so kommen sah, und rief gleich den Doktor an. Er kam — es war eine scheußliche Wartezeit. Und dann stellte er, wenn auch zum Glück keinen Bruch, so doch ein angebrochenes Schlüsselbein fest.

„Der Arm muß ruhig liegen, weiter ist nichts nötig“, sagte er. „Na, Mädel, ich gratuliere, daß es der rechte ist. Da brauchst du keine Schularbeiten zu machen!“

Erika lächelte blaß. Ihr war Mutters entsetztes Gesicht viel schlimmer als die Schmerzen — die zu zeigen, war sie ein viel zu tapferer Kerl. Aber Mutters verzweifeltes Gesicht war ihr furchtbar — als hätte sie ihr etwas angetan, und mit Absicht! Als Frau Niethammer immer noch weiter jammerte, sagte der Doktor schließlich freundlich, aber doch ein bißchen barsch und verweisend:

„Frau Niethammer, hat das Mädel die Schmerzen oder Sie?"

„Aber es tut mir doch nur so leid!"

„Gewiß, und die Scherereien haben Sie, zugegeben", sagte er lachend und ließ sich in einen der tiefen Verandastühle fallen — den Reni ihm auf einen Wink ihrer Mutter hingeschoben hatte — um hier noch eine gute Zigarre und etwas starken Kaffee zu genießen, wie das bei Niethammers üblich war, „anziehen und ausziehen müssen Sie Ihr Baby nun wieder, und Haaremachen ..."

„Oh, Frau Niethammer, das tu ich!" rief Reni eifrig, „ich bin überhaupt schuld! Wenn ich nicht unters Wehr gegangen wäre ... aber ich helfe Erika ganz bestimmt! Ich wasch' sie und kämm' sie und zieh' Erika an."

„Dann mußt du aber auch bei mir schlafen!" fiel Erika ein. „Ich wollte es sowieso immer so gern, darf sie, Mutti, ja?"

Beide Mädel sahen so gespannt und flehend zu Frau Niethammer auf, daß sie es nicht übers Herz brachte, „nein" zu sagen. „Aber daß ihr mir nicht wieder etwas Neues ausheckt — seit — seit einiger Zeit ist bei uns der Teufel los, Herr Doktor", klagte sie bekümmert, „immerfort passiert was, ich komme aus der Angst nicht raus!"

„Vielleicht ist nicht der Teufel, sondern nur ein unternehmungslustiges, kleines Mädel los, das eigentlich von Rechts wegen ein Junge hätte werden sollen", sagte der Doktor und blinzelte Reni zu, die dunkelrot wurde. „Ich glaube, niemals wäre Erika von allein auf den Gedanken gekommen, unter ein Wehr zu kriechen!"

„Ach, ja. Ach, nein! Ich hätte sowieso — ich wäre sicher auch allein ..." stotterte Erika, aber der Doktor tätschelte liebevoll ihren gesunden Arm und brummte:

„Schadet ja nichts. Lieber zwei, die was brechen, als eins, das nie was unternimmt. Wir Ärzte wollen auch leben — vor allem, wenn es uns bei einem Hausbesuch s o gut geht ..."

Er lachte Frau Niethammer an, tröstlich und aufmunternd. Er selbst hatte sechs Kinder, von denen vier zwar Töchter waren, den Jungen aber in nichts nachstanden, wie er immer beteuerte, im Gegenteil! Da gab es Knochenbrüche und Rißwunden, verstauchte Knöchel und ausgerenkte Gelenke am laufenden Band ...

„War Frau Niethammer böse?" fragte Frau Jahnecke, als Reni ihr beim Heimkommen alles berichtete. Reni schüttelte den Kopf.

„Nein, der Doktor hat sie getröstet. Nur traurig war sie! Aber das ist, glaub ich, beinah noch schlimmer ..."

Die Mutter nickte. Daß Reni das selbst merkte, war ja gut, aber ...

Ach ja, aber! Es gab auf einmal so viele Aber in ihrem Leben, von denen sie vorher nichts geahnt hatte ...

Verschiedene Rezepte gegen ein schweres Herz
Renis Weihnachtswunsch

Reni hatte sich mit großer Mühe den Hackklotz in die Ecke hinter dem Schafsstall gerollt, dort kam fast niemand vorbei. Die Axt war leicht zu erwischen, sie hing im Geräteschuppen. Und das Holz lag aufgeschichtet auf dem Hof, in spannenlange Kloben zersägt. Sie holte sich einen Handwagen voll davon. Nun konnte es losgehen.

Es war November, kalt, aber noch kein Schnee, ein Wetter, um melancholisch zu werden. Reni stellte den ersten Kloben auf den Hackklotz und ließ die Axt darauf niederkrachen. Der Erfolg war, daß sie darin stecken blieb und nun um die Welt nicht wieder herausgehen wollte. Das war kein guter Anfang.

Schließlich bekam Reni die Axt doch wieder heraus und fing von neuem an zu hacken. Einmal traf sie so gut, daß der Kloben zu ihrem eigenen Erstaunen ganz leicht auseinanderfiel. Dadurch bekam sie gleich wieder etwas Mut. Aber oft traf sie nicht auf diese Weise. Und es waren viele Klötze da mit Ästen darin, die waren überhaupt nicht kleinzukriegen.

Einmal rutschte ihr die Axt aus und ging um ein Haar ins Bein. Zum Glück nur um ein Haar — aber dann schürfte sie mit der Hand an einem Holzstück entlang, das noch an einer Seite einen Streifen Rinde trug. Das war beinahe schlimmer als eine Hackwunde. Es tat scheußlich weh und blutete so, daß sie erst einmal mit Hacken aufhören mußte.

So setzte sie sich auf den Hackklotz, wickelte ihr Taschentuch um die blutende Hand und wartete, daß das Bluten aufhören sollte. Dabei guckte sie über den Hof, der voller Nässe und Schmutz war. Und sofort kamen ihr wieder die Tränen.

Nein, sie wollte nicht heulen. „Wenn man traurig ist, muß man etwas Tüchtiges arbeiten, arbeiten bis man schwitzt“, hatte der Doktor einmal gesagt. Aus diesem Grunde stand Reni heute hier und schuftete, wo sie doch eigentlich jetzt im warmen, gemütlichen Lernzimmer bei Erika sitzen und lesen könnte, oder schwatzen, oder Papierpuppen ausschneiden ...

Sie stand wieder auf und griff mit Todesverachtung nach der Axt. Wirklich ging es jetzt eine Weile, man lernte eben alles. Während sie die dünnen Stücke auf einen Haufen warf, der tatsächlich langsam größer wurde, suchte sie mit den Augen schon immer nach neuen, astfreien Kloben. Dabei überhörte sie, daß jemand zu ihr trat, und erschrak, als sie sich angesprochen hörte.

„Was tust du denn hier?“ fragte Frau Niethammer, die ganz zufällig hier vorbeikam. Sie war ordentlich erstarrt vor Staunen, konnte nicht begreifen, daß Reni hier Holz hackte. „Wer hat dich denn das geheißen?“

„Niemand“, sagte Reni verlegen und leckte das Blut von ihrer Hand; das Taschentuch blieb immer nicht recht darum, wenn sie hackte. „Ich hab' nur ...“

„Aber warum stehst du dann hier in Nässe und Kälte?“

„Ach, unser Doktor sagte mal, wenn man traurig ist, müßte man was Ordentliches arbeiten, so lange, bis man schwitzt“, erklärte Reni.

Frau Niethammer guckte noch erstaunter.

„B i s t du denn traurig?“

„Doch, ja — eigentlich; wenigstens etwas“, setzte sie schnell hinzu. Sie durfte natürlich nicht sagen, daß es hier nicht schön sei — und eigentlich w a r es ja schön, oder könnte doch schön sein ...

Frau Niethammer stand einen Augenblick und überlegte. Am liebsten hätte sie das Kind jetzt mit hineingenommen ins Warme, ausgefragt und zu trösten versucht — aber sie erinnerte sich aus ihrer eigenen Kindheit, daß ihr alles Ausfragen immer schrecklich zuwider gewesen war. So stand sie zögernd, ging dann aber, nicht ohne Reni freundlich über den Kopf zu streichen. „Bleibe aber nicht zu lange!“

Reni seufzte. Sie schwitzte noch nicht, also mußte sie wohl noch eine Weile weiterhacken. Ihre Füße waren eiskalt, vielleicht nützte es überhaupt nichts...

Sie hatte so Heimweh. Jetzt, um diese Zeit war es im Heim so unsagbar gemütlich — Voradventszeit. Das war beinahe die schönste Zeit im ganzen Jahre. Denn der erste Advent wurde dort ganz groß gefeiert, mit Aufführungen und Stollenbescherung und überall dicken, grünen Kränzen und den herrlichsten Überraschungen. Weihnachten waren ja keine Kinder da, deshalb war die Hauptfeier des Heims schon am ersten Advent. Und da wurde wochenlang vorher geprobt und geübt, Lieder gelernt und lustige Überraschungen vorbereitet. Und immer ist es ja die Vorfreude, die das Herz am meisten erhellt und erwärmt.

Hier fing der Adventszauber erst am ersten Adventssonntag an, und dann war Weihnachten auch schon bald da. Mutter mochte jetzt noch gar nichts davon hören, und Erika kannte es auch nicht anders.

Aber es war auch nicht das allein, was sie bedrückte und wonach sie sich sehnte. Es war der Onkel Doktor, der ihr so schrecklich fehlte. Sie verstand das selbst nicht — er hatte doch tagsüber a u c h keine Zeit für sie, genau wie die Mutter, und trotzdem war man dort immer gleichsam in seiner Hut, während man hier sozusagen verloren war, wenn Mutter im Büro saß. Auch abends — und abends hatte man auch nicht viel von Erika. Die saß dann bei ihren Eltern; sie hatte Reni oft gefragt, ob sie nicht auch mit herüberkommen wollte, aber Reni meinte, das könne sie nicht. Sie wußte noch genau genug, wie ärgerlich sie oft gewesen war, wenn sie endlich, endlich bei ihrem geliebten Onkel Doktor saß und dann das eine oder andere Kind aus dem Heim dazukam und nicht wieder wegfand. Ärgerlich und eifersüchtig war sie gewesen...

„Nanu? Wer hackt denn hier das gesamte Gutsholz, und in einem Tempo, daß man gar nicht so schnell gucken kann?" ertönte eine frische Stimme hinter ihr. Reni fuhr auf. Sie hatte, in Gedanken verloren, das Beil sinken lassen und wohl minutenlang so gestanden — jetzt bückte sie sich schnell nach einem neuen Stück.

„Ich hab' aber schon was fertig!" sagte sie rasch und ein bißchen schnippisch. Der junge Mann neben ihr lachte gutmütig. Es war der Milchkontrolleur, der jeden Monat einmal mit seinem Motorrad kam und den alle gut leiden konnten. Er zeigte Reni ein paar Kniffe, wie man so einem Dickbatz von Kloben zu Leibe ging, und sie bedankte sich und probierte es dann selber unter seiner Anleitung. Zum Schluß fragte er, genau wie Frau Niethammer, nach dem Grund dieser ihrer Leibesübung.

Sie gab ihm Bescheid. Er sah sie mitleidig an und lachte dann.

„Das ist Unsinn — ich meine nicht etwa, was euer Doktor sagt — aber daß du dich hier so plagst. Ich will dir ein anderes Rezept sagen: Wer traurig ist, soll essen, und wer fröhlich ist, soll trinken. So sagten wir als Studenten."

„Ja?" fragte Reni so treuherzig und erleichtert, daß er wieder lachen mußte. Er zog ein weißeingewickeltes Paket aus der Tasche, setzte sich auf den Hackklotz und packte es auseinander. Es war schönster, frischer Kirmeskuchen, ein Riesenberg. „Komm, iß mit, du sollst sehen, wie es hilft!"

Reni sah ihn zweifelnd an, ob er Spaß machte, aber er war ganz ernsthaft. Da setzte sie sich auf einen noch unzerhackten Kloben, nahm ein Stück Streuselkuchen und biß herzhaft hinein, und nun aßen sie zusammen den ganzen Berg auf.

„Danke", sagte Reni, als sie fertig waren.

„Ist's nun besser?" fragte er. „Wo steckt denn überhaupt der Kummer?"

Reni mochte nichts vom Onkel Doktor sagen, aber da der junge Mann ihr so freundlich von seinem Kuchen gegeben hatte, erzählte sie ihm von ihrem geliebten Heim. Er hörte ihr aufmerksam zu.

„Heimweh — das ist etwas Schlimmes", sagte er mitleidig, „dagegen hilft natürlich auch kein Kirmeskuchen, wenigstens nicht auf die Dauer. Dagegen hilft nur eins: Nicht immerfort an sich selbst denken. Komm mal mit in den Stall und hilf mir dort!"

Er hatte das mit Absicht gesagt. Der Schweizer des Gutes hatte viele kleine Kinder, und die waren alle schrecklich verwahrlost und schmutzig, vielleicht konnte Reni sich ihrer ein bißchen annehmen. Trösten und helfen ist mitunter der beste Trost für einen selber.

Er sagte so etwas, in der Art, daß Reni wie von selbst darauf kam: es macht ja am meisten Spaß, wenn man von sich aus hilft. Als Erika gegen Abend in den Kuhstall kam, um Reni zu suchen — sie hatte sie längst vermißt —, schickte der Milchkontrolleur sie in die Wohnung des Schweizers. Dort war Reni eifrig damit beschäftigt, das Jüngste der Mädels — es war vielleicht fünf Jahre alt — zu kämmen. Gewaschen waren die Kleinen schon sämtlich, nun saßen sie nebeneinander auf dem eingegangenen Diwan und warteten, bis sie zum Kämmen drankamen. Reni hatte ganz heiße und rote Backen, und alles Heimweh war vergessen.

„Wollen wir jetzt jeden Tag hierher kommen und der Frau helfen?" fragte sie begeistert. „Und den Kindern allen was zu Weihnachten schenken? Im Heim haben wir immer für arme Kinder gebastelt. Komm, bürst' mal dem kleinen Jungen die Haare, — da genügt bürsten, er hat ja gottlob kurze. Nein, Willi, du sollst doch nicht hochziehen, du sollst doch lernen, dir die Nase zu putzen!"

Erika stand erst etwas bedenklich dabei, dann aber nahm sie gehorsam die Haarbürste. Die Jungen, von Reni eben erst gewaschen, sahen nicht gar so unappetitlich aus wie die Mädel, durch deren verfilzte Haare sich Reni nur mit Mühe und Stöhnen hindurchkämmte.

„Morgen ziept's nicht mehr so doll, bloß heute, weil ihr so sehr verstruwwelt wart!" tröstete sie die Kleine.

Als die Kinder alle gestriegelt waren und nun wirklich manierlicher aussahen, setzte Reni sie allesamt um den Tisch und bestimmte, nun würde Wattepusten gespielt. Ein Stück Watte fand sich nicht, so nahm sie einen Knaul Papier, warf ihn auf den leeren Tisch und zeigte den Kindern, wie sie nun pusten sollten, von allen Seiten, bis der Knaul schließlich zwischen zwei Kinderschultern entwischte. Da gab es viel Spaß und Geschrei und Gelache, und die Frau des Schweizers war, als sie vom Melken kam, ganz erstaunt

über die fröhliche Einigkeit, die in ihrer Küche herrschte. Reni verabschiedete sich strahlend, es war doch noch hell geworden in ihrem Herzen an diesem trüben Tag.

Als sie über den Hof liefen, begann es ganz leise zu schneien, und das war ja nun auch ein Grund, sich zu freuen.

„Du, Reni, erzähl' aber nichts davon — ich meine, daß wir bei Schweizers waren", sagte Erika stockend, ehe sie ins Haus traten. Reni blieb erstaunt stehen.

„Warum denn nicht?"

„Ach, Mutter mag es nicht so gern, wenn ich bei den Leuten in den Wohnungen stecke — weil sie so wenig lüften, sagt sie immer. Sie verbietet es nicht richtig, aber sie mag es nicht, verstehst du? Wir können ja manchmal wieder hingehen ..."

„Manchmal bloß? Ich wollte jetzt jeden Tag — damit die Frau nicht so viel zu tun hat. Und Zähneputzen sollen die Kinder auch lernen, keins putzt dort Zähne, und manche sind doch schon über sieben Jahre", ereiferte sich Reni. Erika mochte nichts mehr sagen. Sie flüsterte nur noch einmal, ehe sie ins Lernzimmer traten: „Aber sag nichts, auch nicht zu Fräulein Sonneson!"

Reni nickte. Und ihre Mutter? Wenn die hörte, daß Frau Niethammer es nicht gern sah, verbot sie es womöglich auch ...

Beim gemeinsamen Abendessen war Erikas Mutter ganz besonders freundlich zu Reni. Sie sagte, Erika habe sich schon jedes Jahr so sehr gewünscht, zum Weihnachtsmärchen in die Stadt ins Theater zu fahren, das sollte sie nun dies Jahr dürfen. Und ob Reni da mitwolle?

Das war eine Frage! Natürlich wollte sie — beide Mädel strahlten und zappelten mit den Beinen: ins Weihnachtsmärchen, das sollte wunderbar werden! Es gab dies Jahr Rumpelstilzchen, mit viel schöner Musik und einer herrlichen Ausstattung. Sie sprachen den ganzen Abend davon und malten es sich in den wunderbarsten Farben aus. Wenn richtiger Schnee kam, sollten sie sogar mit dem Pferdeschlitten bis in die Stadt fahren dürfen, hatte Frau Niethammer versprochen. Das war der Höhepunkt! Die Mädel, die noch immer, seit Erikas Unfall am Wehr, in einem Zimmer schliefen, konnten an diesem Abend gar nicht fertig werden mit Schwatzen und Lachen, bis Frau Jahnecke endlich energisch klopfte. Sie konnte ja die Freude der Mädel verstehen, trotzdem war ihr Herz beschwert. Frau Niethammer hatte ihr am Nachmittag von Renis Holzhacken und dem Grund dazu erzählt. Reni hatte Kummer, und ihr, der Mutter, vertraute sie sich nicht an. Freilich, sie hatte sie auch nicht danach gefragt ...

Es war so schwer, das Vertrauen des Kindes zu gewinnen, wenn man den ganzen Tag den Kopf voll hatte. Sie k o n n t e sich einfach nicht mit Reni beschäftigen, auch nicht in Gedanken. Wenn sie einen andern Beruf gehabt hätte, eine mechanische Arbeit, bei der man die Gedanken spazieren gehen lassen konnte, — aber wenn man rechnen und berechnen muß, muß man sich konzentrieren. Und abends war man todmüde und erledigt ...

Im Sommer war es besser, da kam man doch auch einmal hinaus, konnte das Mädel mitnehmen, wenn es nicht gerade Unterricht hatte — ach ja. Immer dachte man: zu einer andern Jahreszeit ist es besser. Im Sommer waren die Tage wiederum so lang, daß der Feierabend so gut wie wegfiel, und es wurde Arbeit, Arbeit, Arbeit hineingepackt, soviel hineinging — da hoffte man wieder auf die langen Winterabende, an denen man es sich gemütlich und behaglich machen wollte. Und jetzt stand der Jahresabschluß schon wieder drohend vor der Tür, und wenn der vorbei war, kamen die Bestellungen für den Sommer ...

Der Bauer hat nie Zeit. Nie — wenn er nämlich tüchtig ist. Weder im Winter noch wenn es regnet, weder sonntags noch sonstwann, — und da hatte sie nun ihr Mädel hier und mußte sehen, daß es traurig war und nicht zu ihr fand, ihr das zu erzählen ...

Übrigens schien Reni in der nächsten Zeit vergnügter zu sein, ihre Mutter versuchte sich das jedenfalls einzureden. Vielleicht war es auch das bevorstehende Theater, auf das sie sich freute, oder — wo sie sich den ganzen Tag herumtrieb, wußte Frau Jahnecke nicht, aber das war ja bei einem so großen Mädel nicht nötig, solange die Schularbeiten in Ordnung waren ...

Am Abend, ehe sie ins Theater fuhren, machte Frau Jahnecke eine fürchterliche Entdeckung. Sie kämmte Reni wieder einmal selber, — das besorgten sonst die Mädel selbst, seit sie beieinander wohnten —, um sie recht fein zu machen. Und da entdeckte sie etwas...

Natürlich bekommen fast alle Kinder auf dem Lande mitunter Läuse, aber ebenso natürlich entsetzen sich alle Mütter darüber. Frau Jahnecke entsetzte sich s e h r ...

Nun mußte Reni auch mit ihrem Kindergärtneramt bei den Schweizerleuten herausrücken. Und da war es nicht schwer, die Herkunft der unerwünschten Mitbewohner festzustellen.

Frau Jahnecke hoffte nur inständig, daß Erika verschont geblieben sein möge. Wenn Frau Niethammer das erfuhr! — Sie holte sich von nun an jeden Abend die beiden Mädel in ihr Zimmer und striegelte sie durch wie zwei Pferde. Erika war auch nicht ganz einwandfrei unter ihrem wunderschönen Haar. Es gelang aber, beide restlos sauber zu bekommen, sogar in kurzer Zeit. Die Mutter atmete auf.

Aber sie verbot nun doch den beiden, zu den Schweizerleuten zu gehen, wenn sie es auch schweren Herzens tat — aber es war besser, und die Mädels sahen es auch ein. Es fehlte Reni sehr, sie war eben doch daran gewöhnt, mit v i e l e n Kindern zusammen zu sein, die miteinander spielten — manche Spiele gingen überhaupt nur zu vielen zu spielen. Und gerade solche kannte sie am besten. Das Heimweh nach dem Heim wurde wieder lebendig, besser: lebendiger, denn ganz eingeschlafen war es nie gewesen. Sie dachte an ihr Stübchen, in das sie den Onkel Doktor manchmal am Sonntagnachmittag eingeladen hatte, und wo sie ihn dann ganz wunderbar bewirtete — er aß so gern ein bißchen guten Kuchen. Oder die Abende an seinem Kamin, wo man alles, was man auf dem Herzen hatte, erzählen konnte — sogar die schreckliche Geschichte mit der Vanillesoße. Reni dachte jetzt manchmal daran und wunderte sich, daß sie dies damals so tragisch genommen hatte. So sehr, daß sie weg wollte aus dem geliebten Heim! So schlimm war es doch wirklich nicht gewesen! Aber wahrscheinlich lag es daran, daß damals nur Tante Mumme dagewesen war und nicht der Onkel Doktor selber, d e m hätte sie sofort alles gebeichtet.

Am Morgen des zweiten Advents — so weit war die Zeit nun schon fortgeschritten — fanden die beiden Mädel, als sie aufwachten, auf ihren Nachttischchen jede einen Wunschzettel. Es waren sehr niedliche Briefbogen mit Tannenzweigen und Lichtlein ringsum; oben war bei Reni das Bild eines Christkinds, bei Erika das eines Knecht Ruprechts. Sie waren selig, obwohl sie ja eigentlich für Wunschzettelschreiben schon ein bißchen groß waren.

„Zum Wünschen ist man nie zu groß“, sagte Renis Mutter lächelnd, als Reni dies sagte; sie wurde dann wieder ernst, fast traurig. Aber Reni merkte es nicht, sie war zu erfüllt von ihren Gedanken.

Ihr war plötzlich etwas ganz Großartiges eingefallen. Ein Wunsch, d e r Wunsch — sie konnte ihn doch ruhig aufschreiben! Auch ohne vorher mit Erika davon gesprochen zu haben — natürlich, gerade ohne! Denn Erika sollte auch überrascht werden ...

Sicher sagte die Mutter nicht nein! Es war ja nur für kurze Zeit, und es wäre doch s o schön! Dann konnte sie den Christian, Onkel Doktors Sohn, kennenlernen, und überall hinlaufen, wo sie jetzt nur in Gedanken sein konnte, und —

Auf einmal tropften ihr die Tränen aus den Augen. Sie wischte sie erschrocken ab. Tränen — auf dem Wunschzettel! Und dann schrieb sie mit ihrer allerschönsten Schrift dreimal unterstrichen als einzigen Weihnachtswunsch auf den Zettel: „Ich wünsche mir, daß ich mit Erika für sechs Wochen ins Kinderheim am Berge fahren darf!“

Weihnachten

„... aber ehe ich Dir weiterschreibe, muß ich Dir ganz fix etwas gestehen. Sei nicht böse, lieber, lieber Onkel Doktor — aber es drückt mir das Herz ab und ich könnte Dir nie wieder in die Augen sehen, wenn ich es Dir nicht sagte. Ich habe, ehe ich vom Heim fortging, in der Verwaltung die Vanillesoße umgeschüttet, aus Versehen natürlich, aber statt zu Tante Mumme zu gehen und es zu sagen, hab ich es verschwiegen. Ich weiß, daß das ganz, ganz häßlich ist, und wenn Du dagewesen wärst, hätt ich es auch bestimmt nicht so gemacht — deshalb wollte ich dann auch weg oder sagte wenigstens nicht nein, als Mutter mich fragte. Bitte, bitte sei nicht böse und sag es auch Tante Mumme, ja? Sie ist ja so lieb und wird mir sicher verzeihen — und Du auch, gelt, liebster Doktoronkel?

So, und nun sollst Du wissen, wie es im Weihnachtsmärchen war, nämlich wunderschön. Wir sind im Pferdeschlitten in die Stadt gefahren, nicht mit der Bahn, das war so richtig der Anfang für diesen Abend. Damit wir ja nicht froren, waren wir eingemummelt wie die Eskimos in Mänteln und Pelzen. Unten im Schlitten lag Stroh und für jeden eine Wärmflasche. Wir haben auch nur anderthalb Stunden gebraucht, sonst rechnet man zwei bis zur Stadt, aber Mutter kutschierte. Es fuhr sich herrlich. Erst tranken wir dann noch heißen Kaffee in dem Gasthof, in dem wir ausspannten, und dann ging's los ins Theater.

Weißt Du, am besten hat mir die Müllerstochter gefallen. Sie war noch g a n z jung, gar nicht wie eine Schauspielerin. Sie sprach genau so, wie man in Wirklichkeit spricht, auch gar nicht mal laut, aber man verstand sie bestimmt bis ganz oben, wo die Leute auf der Galerie saßen. Alles hielt immer den Atem an, wenn sie drankam. Und ihre langen blonden Zöpfe waren bestimmt ihre eigenen und keine Perücke!

Ach, Onkel Doktor, war sie schön! Und lieb! Und bescheiden! Und ihr Vater war so habgierig und häßlich. Und eigentlich war er doch schuld an der ganzen Geschichte, denn wenn er nicht behauptet hätte, sie könne Stroh zu Gold spinnen, hätte Rumpelstilzchen gar keine Gewalt über sie bekommen.

Am schönsten sah sie aus, als sie schon Königin war und ihr kleines Söhnchen im Arm hielt und so schreckliche Angst hatte, daß

Rumpelstilzchen es ihr wegnehmen könnte. Sie hatte richtige Tränen in den Augen. Ich hätte auch geheult, das heißt ich h a b' sogar. Erika auch. Mutter hat es hoffentlich nicht gesehen. Mutter hat nicht geheult, nur ganz ernst geguckt. Andere Mädel haben Bonbons und Schokolade gegessen, das hat mich furchtbar geärgert, vor allem, wenn sie mit dem Papier knisterten.

Wunderschön war auch das Tauffest von dem kleinen Prinzen. Da kamen alle guten Eigenschaften als Paten angeschwebt — zum Beispiel der Mut, das war ein schöner Jüngling mit dunklen Locken, und das Mitleid, das sah aus wie eine Fee, und die Kraft — und die Rechtlichkeit und die Freundlichkeit, alles, was der kleine Junge später einmal besitzen sollte. Und alle sangen wunderschöne Verse und Sprüche, und es wurde bunt dazu beleuchtet, richtig feenhaft war es. Dazwischen kam dann immer wieder ein kleiner drolliger Hofnarr, der alles verwechselte und falsch sagte, über den haben wir tüchtig gelacht. Einmal stolperte aber der junge König und wäre beinah hingefallen, das gehörte nicht mit zu dem Stück, und er sagte ganz deutlich: „Ach herrjeh!“ und die andern auf der Bühne mußten alle lachen. Nur die junge Königin lachte nicht, es hätte auch gar nicht zu ihr gepaßt. Sie spielte die Rolle nicht, sie w a r die Königin.

Lieber Onkel Doktor, ob Dein Christian auch noch gern in ein Weihnachtsmärchen geht? Für ihn sind die Sachen, auf die ich ein Ch. geschrieben habe, hoffentlich freut er sich. Alles andere ist für Dich, denn an Tante Mumme schreib ich extra, in einem Extrapaket, denn ich weiß, wie gern sie Bindfäden aufknibbelt. Du sollst auch bestimmt alles selber essen, was ich Dir eingepackt hab', denn ich hab' alles selbst gebacken. Und Christian hat genug, ich hab' genau gezählt, daß keiner zu kurz kommt.

Die Schlüsseltasche ist für Deine Autoschlüssel, weil Du Dir damit immer die Hosentasche zerreißt. Erika hat mir gezeigt, wie man sie aus Leder herstellt. Nun mußt Du sie aber auch immer benützen. Und das Buch gefällt dir hoffentlich auch. Ich habe alle Sprüche, die mir gefielen, hineingeschrieben, so aus Kalendern und Gedichtbüchern, wo ich sie halt fand. Für Mutter ist so ein Buch nichts, für sie hab' ich aber ein schönes Pferdebuch gefunden. Und eine Pferdefigur aus weißem Porzellan; es springt gerade hoch, sehr fein.

Und nun wünsche ich Euch ein sehr, sehr schönes Weihnachten. Wenn Christian bei Dir ist, bist du ja nicht traurig, nicht wahr? Und ich denke ja auch an Euch. Und Mutter braucht mich doch.

Und — aber ich will nichts verraten. Ich darf ja auch nichts schreiben, denn ich weiß es noch nicht. Ich wünsche es mir bloß. Liebster Doktoronkel, wenn man sich nur einen einzigen Wunsch wünscht, den aber so sehr wie sonst vielleicht zehnerlei, ob man den nicht erfüllt bekommt? Es ist sicher ein sehr großer, vielleicht sogar ein unbescheidener Wunsch, aber er ist — er ist — es ist eben mein allerallergrößter Wunsch. Sobald ich etwas weiß, schreib ich Dir wieder.

Deine Dich sehr liebhabende

Reni.

Daß Du Christian grüßt, und sehr herzlich grüßt, brauch ich wohl nicht erst dazuzuschreiben. Und Tante Mumme auch — ach, grüß das ganze liebe, liebe Haus!"

Reni wollte noch weiterschreiben, aber da kam gerade Erika hereingeschossen. Sie war so rotbäckig vor Aufregung, wie man das bei ihr sonst gar nicht gewöhnt war. „Sie bringen die Weihnachtskarpfen!“ rief sie.

Reni rannte mit. Im Hof stand ein niedriger Schlitten mit einem großen Wasserbottich darauf, und in dem schwammen die Karpfen. Sie waren aus der eigenen Setzfischerei, wie Erika stolz erzählte, und für Weihnachten wurden die allerprächtigsten herausgesucht. Manche hatten ganz goldne Schuppen. Reni hatte noch nie solche Prachtkerle gesehen.

Aber sie hatten nicht Zeit, sich allzulange bei den Fischen aufzuhalten, eben kam der große Schlitten mit den Christbäumen in den Hof gebogen. Die Pferde waren über und über mit Reif bedeckt, und wenn sie schnaubten, sahen sie aus wie Fabeltiere aus dem Märchenbuch, die Feuer speien. Ein Christbaum war für die Leutebescherung, einer für Niethammers, einer für Inspektors und ein kleiner, niedlicher, buschiger, der wie ein Christbaumkind aussah, für Reni und ihre Mutter.

„Aber ihr bescheert doch bei uns mit?“ fragte Erika verwundert. Reni schüttelte den Kopf.

„Ich finde, jeder bei seiner Mutter. Aber wenn wir uns alles angeschaut haben, besuchen wir uns!“

Erika war nicht ganz einverstanden und eigentlich enttäuscht — gerade für solche Feste wünschte man sich eben doch Geschwister! Aber es blieb ihr keine Zeit zum Traurigsein. Es ging weiß Gott heute zu wie in einem Taubenschlag, hier im sonnigen, beschneiten Gutshof, der so richtig wie Winterkönigs Residenz aussah. Es flimmerte und glitzerte überall, denn es war trotz der Sonne kalt, und in den Schatten leuchtete der Schnee himmelblau. Und vor der Treppe des Gutshauses standen zwei große, wunderschöne Schneemänner, mit Kohlenaugen und Mohrrübennasen; die waren so prachtvoll, daß Mutter sie sogar fotografiert hatte.

Kaum waren die Bäume abgeladen, als aus dem Wirtschaftshaus die Mamsell herausguckte — sie winkte den Mädeln. Seit sie durch jene, an sich unglückliche, Gespenstergeschichte zu einem ebenerdigen Zimmer gekommen war, hatte sie für die Mädel ein dankbar-liebevolles Herz. So liefen die beiden erwartungsvoll zu ihr hinüber.

„Ihr könnt mir backen helfen — holt euch aber Kopftücher und große Schürzen!“ flüsterte sie. „Und schreit nicht, hört ihr? Eigentlich lasse ich ja niemanden mit ran an den Teig!“

„Was denn, Mamsell, was backen wir? Stollen oder Pfefferkuchen?“

„Der Stollenteig ist fertig, er muß noch gehen. Aber Pfefferkuchen könnt ihr ausstechen helfen, holt euch die Formen! Und für mittag hab' ich einen großen Kartoffelkuchen für euch, den könnt ihr warm essen!“

„Das Gespenst hat sich gelohnt“, flüsterte Reni vergnügt, und nun tauchten sie erst einmal für einen halben Tag unter in lauter süßen Herrlichkeiten; denn die Mamsell knauserte das ganze Jahr, um Weihnachten jedem Gutsarbeiter gute und reichliche Bäckereien zukommen zu lassen. Da konnten die Mädel nun helfen mengen, ausrollen, ausstechen — und kosten! Sogar einen kleinen Stollen durfte jede formen. Erika wollte einen Rosinen-, Reni einen Mandelstollen haben. Die Mamsell erzählte ihnen, daß die Form der Stollen eine Erinnerung an das gewickelte Christkind sei, deshalb gäbe es nur Weihnachten welche. Und die Brezeln bedeuteten in ihren Schlangenlinien das nie endende Leben.

Erika hatte zuletzt sogar die Nasenspitze bemehlt, von den Schürzen gar nicht zu reden. Endlich, schon im Dämmern, trabten sie hinter der Mamsell dem Backofen zu, jede ein Blech rechts und links in die Hüfte gestützt, setzten es ab und holten neue.

„Jetzt darf man nicht reden“, sagte die sonst sehr geschwätzige Mamsell, als sie die Bleche — es waren viele, viele geworden, für die Bescherung des ganzen Gutes — alle im gefräßigen Maul des Backofens untergebracht hatten, „sonst geschieht ein Unglück!“

Reni und Erika hockten sich vor den Ofen, es war so heimelig und gemütlich hier. Und wie es roch — ganz süß, wie in den himmlischen

Backstuben. Aber ob sie nun der Mamsell glaubten oder nicht, sie waren ganz still und sagten wirklich nichts. Bis dann die ersten Pfefferkuchenbleche herauskamen, da mußte man fix bei der Hand sein mit Gußstreichen und Mit-dem-Messer-abheben, und es gab Gequietsche, wenn man sich verbrannt hatte, und Gelache und eifriges Hin und Her. Als sie endlich mit allem fertig waren, bekamen sie noch von der Mamsell jede eine dicke Handvoll in die Schürze geschüttet.

Reni wollte es eigentlich noch dem Onkel Doktor in das beinahe fertige Paket stecken. Aber da waren eigentlich Süßigkeiten genug drin — sie streckte schon die Hand aus, um einen Pfefferkuchen für sich selbst herauszuholen und zu zerkrachen — sie konnte immer noch mit Genuß knabbern — dann aber ließ sie es doch.

Sie lief in Mutters Schlafstube und steckte die ganzen Süßigkeiten unter die Decke aufs Kopfkissen. Damit Mutter heute abend eine schöne Überraschung hatte.

Nun mußte das Paket fertig gemacht werden, es waren noch ein paar Kartengrüße an Freundinnen aus dem Heim zu schreiben, und das Fotoalbum für Erika war auch noch nicht ganz fertig. Es war halb zehn, als die Mutter heraufkam. „Du bist noch wach?"

Nun hieß es aber schnell schnell ins Bett. Daß Mütter nie verstehen, wenn Kinder noch etwas furchtbar Wichtiges zu tun haben, und stets mit ihrem alten, abgeleierten Spruch „Morgen ist auch ein Tag" kommen! Trotzdem fielen Reni die Augen zu, kaum daß sie im Bett lag.

So war der Vierundzwanzigste also doch wieder einmal herangekommen, Erika und Reni wachten auf und glaubten es fast selbst nicht, daß es jetzt nicht geträumt, erinnert oder vorausgedacht war, sondern wirklichste Wirklichkeit. Schon das Frühstück war anders als sonst, da es heute verboten war, das Wohnzimmer zu betreten, jedenfalls Niethammers Wohnzimmer, in dem Reni immer mit frühstückte. Reni hoffte im stillen, daß es bei ihr selbst auch so sein möge, sie ging vorsichtshalber gar nicht hinüber.

Die Mädel durften sich in der Küche etwas suchen und auch dort verzehren, das taten sie mit Vergnügen, Erika erreichte durch sanfte, aber beständige Bettelei sogar, daß sie jeder ein Spiegelei bekamen. Stollen wurde erst mittags angeschnitten, so war es gut, etwas Herzhaftes in den Magen zu bekommen.

Trotzdem stand der Tag noch schrecklich lang und fast unüberwindlich vor ihnen. Was tat man nur mit diesen vielen, vielen Stunden bis um sechs? Was tat man eigentlich an anderen, gewöhnlichen Tagen?

Zum Glück rief Frau Niethammer nach ihnen, als sie sich gerade gelangweilt und unschlüssig auf der Treppe herumdrückten. Sie sollten Äpfel an Drähte hängen und Nüsse vergolden. Das brachte erfreulicherweise ein paar Stunden hin. Reni war ein bißchen unruhig — ob *ihre* Mutter sich eigentlich auch um das Christbaumschmücken und die Weihnachtsstube kümmerte, oder ob sie noch im Stall war?

Früher hatte sie wohl immer bei Niethammers mitgefeiert, und abends mochte sie mit einer guten Zigarette und einem neuen Pferdebuch in ihrem Zimmer gesessen haben, allein ... Zu ihr, Reni, war immer ein großes und wunderschönes Paket zum Heiligen Abend gekommen, auch immer rechtzeitig, Mutter hatte es nie vergessen. Aber um Christbaum, Krippe und Weihnachtstisch hatte sich immer der Onkel Doktor gekümmert, er konnte das großartig, wie eigentlich wenige Männer, und Tante Mumme hatte es ihm stets überlassen. Es war sein Vorrecht, wie er immer sagte, und dazu hatte er auch an jedem Heiligen Abend die Zeit aufgebracht.

Als es Mittag wurde, ging Reni wie von ungefähr zum Pferdestall hinüber. Womöglich vergaß Mutter über dem neuen Fohlen, das dieser Tage erwartet wurde, daß heute Weihnachten war!

Eine Weile stand sie mit Mutter an der Boxe der Xanthippe, ließ sich von den herrlichen Eigenschaften dieser Stute erzählen und tat auch so, als interessierte sie das sehr, dann aber fragte sie doch schüchtern — sie hatte es sich lange überlegt — wie sie es denn nun mit *Mutters* Sachen machen wollten, die konnte Reni doch nicht aufbauen ...

„Warum denn nicht?" fragte die Mutter unbefangen verwundert.

„Na, weil ich doch nicht ins Weihnachtszimmer darf!"

„Warum darfst du denn nicht hinein?"

„Aber ..."

„Ach, ich hab' das Bäumle noch nicht geputzt", sagte die Mutter freundlich, „du bist doch nun schon groß. Willst du es nicht dies Jahr selbst tun? Ich dachte, du brennst da drauf, so erwachsen wie du jetzt schon bist!"

Reni war viel zu gut erzogen, als daß sie jetzt gebettelt oder gar gemault hätte: nein, ich mag nicht, ich will überrascht werden, wie im Heim, wie zu Hause ... Außerdem — um s o etwas betteln — konnte man das überhaupt? Vielleicht aber sah es ihr die Mutter doch an, zumal sie jetzt aus dem Stall traten und Mutters Gedanken nicht immerfort abgelenkt waren. „Wenn du nicht magst, tue ich es", sagte sie freundlich und nahm Renis Hand, „und die Sachen für mich legst du hin, wenn du hereinkommst. Einverstanden?"

Nun kam der lange Nachmittag. Reni ging hinüber, um Erika zum Rodeln abzuholen. Aber komisch, wenn sonst die Zeit beim Schlittenfahren immer im Handumdrehen verging, jetzt schlich sie — die Uhr auf dem Türmchen vom Wirtschaftsgebäude mußte stehen geblieben sein. Einmal, als Reni den Berg hinaufstieg, fiel ihr ein, daß Mutter ja eigentlich, wenn sie ihr ihren großen und einzigen Wunsch erfüllte, gar nichts aufzubauen und vorzubereiten brauchte. Vielleicht war es d e s h a l b ... „Renn doch nicht so, ich kann ja gar nicht mit!" rief Erika. Reni lachte. Sicher war es deshalb, sicher!

Und dann kam die Dämmerung, endlich, endlich. Die Glocken der Dorfkirche bimmelten durch die Schneeluft, und der Pferdeschlitten stand vor der Treppe. Sie verstauten sich hinein, Herr und Frau Niethammer im Fond mit Erika dazwischen, auf dem Sitz gegenüber Frau Jahnecke und Reni. Nun ging es los. Die Kirchenfenster leuchteten warm golden, und die Sterne schimmerten darüber.

In der Kirche, während sie, neben Erika sitzend, sang, daß ihr der Atem wie ein Wölkchen vor dem Mund stand, dachte Reni darüber nach, ob sie nun wohl ein bißchen traurig sein würde, wenn ihr dieser große Wunsch erfüllt würde und sie sonst nichts bekam. Keinen bunten Teller, kein Buch, keine Kleinigkeit zum Anziehen, nichts...

Aber Mutter hatte ihr doch immer etwas geschickt. Und der Onkel Doktor und Tante Mumme waren auch noch da, und Erika ...

Es war noch nie so spannend gewesen am Heiligen Abend wie dieses Jahr. Oder denkt man das jedesmal? Nein, es war wirklich

so, und nun endlich ertönte die Klingel, und Mutter öffnete die Tür —

Reni war immer allein gewesen, ein einziges Kind, das vor der Weihnachtsstube steht und bangt und hofft und zittert ... Aber im Heim war es eben doch *zu Hause* gewesen und altvertraut, seit sie denken konnte. Heute war sie so verlegen wie noch nie, und es war doch ihre eigene Mutter, die ihr bescherte!

Sie sah einen Augenblick in Mutters Gesicht, als sie hereinkam, benommen vom Licht der Kerzen. Und Mutters Gesicht war so, daß sie nicht den Christbaum, nicht den Gabentisch, nichts anderes sah als dieses Gesicht. Mutter hatte nasse Augen — und da warf sich Reni ihr an die Brust, wie sie es noch nie getan hatte. Liebe, liebe Mutter!

„Ja, Reni, von nun an feiern wir immer zusammen!"

Erst viel später führte Frau Jahnecke ihre aufgeregte Tochter an den Gabentisch, der weißgedeckt und mit Tannenzweigen geschmückt unter dem Christbaum stand. Ein großes, mit schönster Blockschrift gemaltes Plakat lag obenauf: Gutschein für sechs Wochen Kinderheim mit Erika! Ach, und noch s o vielerlei! Ein schön geschnitztes Holzpferd, wie es auch Erwachsene lieben, kein Spielzeug natürlich, drei Bücher — zwei davon handelten auch von Pferden, aber doch wunderschön — herrliche Norwegerfäustlinge, Süßigkeiten — und sogar eine kleine niedliche Puppe, obwohl Reni nun doch schon bald zwölf Jahre alt wurde. Aber sie freute sich darüber, freute sich schrecklich — überhaupt, sie hatte ein ganz ungeheuer schlechtes Gewissen Mutter gegenüber. Mutter w a r doch lieb, und es war so schön bei ihr!

Sogar Erika vergaß sie eine ganze Stunde lang. Sie war n u r bei Mutter, auch mit dem Herzen, und das war neu, aber wunderschön.

Schöne Feiertage - Wetterumschlag
Reni hadert mit dem Geschick

Erika sorgte selbst dafür, daß sie in das Gedächtnis der Freundin zurückgerufen wurde. Sie kam angestürzt, aufgeregt und selig.

„Reni, weißt du schon? Ich darf mit dir ins Heim, sechs Wochen!" Reni lachte. „Das weiß ich doch auch!"

„Und da kommst du nicht gleich damit antrompetet? Wo ich nun alles kennenlernen soll, was du mir immer erzählt hast? Das Heim und den Onkel Doktor und alles . . ." Sie zog Reni an der Hand mit sich. „Nun mußt du alles angucken, was ich bekommen hab'!"

„Nein, erst du bei mir!“ lachte Reni, und Erika mußte auch lachen. Als sie alles bewundert hatte, gingen sie zu Niethammers hinüber, die Mutter auch mit. Und dann saßen sie in Erikas Weihnachtsstube, und es war furchtbar gemütlich. Reni war so glücklich, daß Mutter ihr so schöne Sachen geschenkt hatte. Nicht nur über die Sachen selbst ... jetzt erst merkte sie, daß sie doch ziemliche Angst gehabt hatte, Mutter könne sie über den Pferden vergessen.

Das Abendbrot war herrlich, der große Tisch gleich unter dem Christbaum gedeckt, so, als ob der Christbaum mit am Tisch säße. Und das schönste Geschirr hatte Frau Niethammer herausgegeben, und Lametta lag funkelnd auf dem schneeweißen Tischtuch. Die Mädel hatten auch Weingläser vor den Tellern stehen wie Erwachsene, und wenn auch nur Saft hineinkam, so konnten sie doch mit anstoßen. Es gab Karpfen mit frischer Butter, ach, es schmeckte ganz unbegreiflich gut nach all dem vielen Süßen, was schon kunterbunt im Magen herumkollerte.

Sie waren noch nicht beim Nachtisch, wunderbaren, goldfarbenen Pflaumen aus dem Glas, angelangt, als das Telefon schrillte. Herr Niethammer stand ärgerlich auf — dann aber rief er aus dem Herrenzimmer nebenan, Reni sollte fix kommen. Sie sprang auf und ließ ihre Serviette über der Stuhllehne hängen. Vielleicht brauchte Herr Niethammer etwas zum Aufschreiben, Papier und Bleistift?

„Nein, Dummerle, es ist für dich!“ lachte er und gab ihr den Hörer. Sie lauschte. Und dann wurde sie ganz rot vor Glück.

„Ja. Ja, ich bin's, Onkel Doktor!“ sagte sie leise und seltsam erstickt. Ach, seine liebe, liebe Stimme! Und wie er lachte! Und wie er sie wieder neckte — er wußte auch schon, daß sie beide ins Heim kommen sollten. Mutter hatte es natürlich mit ihm und Tante Mumme ausgemacht. „Ich freu' mich schon s o sehr auf Erika!“ sagte er. Reni begann zu stottern. „Auf Erika? Die kennst du ja noch gar nicht! Und auf mich freust du dich ...“

„Gar nicht“, ergänzte er lachend, „ach, wie schade, daß man sich durchs Telefon nicht sehen kann — und nicht an den Zöpfen ziehen — das möchte Christian so gerne, er steht hier neben mir und grinst.

Denkst du, ich freu' mich nicht auf dich? Wann kommt ihr denn?"

„Hoffentlich bald. Wann kommen denn die nächsten? Am zweiten Januar? Können wir da nicht schon eher kommen, damit wir erst ein paar Tage allein bei euch sind? Sylvester? Oder schon vor Sylvester?" Reni war ganz atemlos — Sylvester war heute in acht Tagen — es war nicht auszudenken...

„Das mußt du mit deiner Mutter ausmachen, Reni", sagte der Doktor leise, „aber höre mal, Kind, quäle nicht, daß du am liebsten heute abend noch weg möchtest!"

„Nein, nein", sagte Reni schnell und wurde rot. „Es war auch so schön hier — heute —"

„Kann deine Mutter euch nicht herbringen? Ich hab' sie so lange nicht gesehen", sagte der Doktor vorsichtig. Reni überlegte.

„Vielleicht. Wenn das Fohlen von der Xanthippe bis dahin ..."

Der Doktor lachte. „Gut. Schlage es ihr aber auf jeden Fall vor, für ein paar Tage. Und nun noch viel, viel Freude heute abend — und die ganzen Feiertage, Kind ..."

„Na, was wollte der Onkel Doktor denn?" fragte die Mutter, die ihr freundlich entgegenblickte, „hat er sein Paket bekommen?"

„Ja, und er lädt dich ein! Du sollst uns hinbringen", sagte Reni und setzte sich mit heißen Backen auf ihren Platz. Erika hatte ihr inzwischen Kompott aufgetan. „Danke. Fährst du mit, Mutter, ja?"

„Traut ihr euch nicht alleine?" fragte die Mutter und lachte über die Empörung der Mädel. Erika mit fast dreizehn Jahren, und Reni bald zwölf!

„Natürlich trauen wir uns, aber es wäre doch so schön!"

„Klar wäre es das! Ich will mal sehen, wie das im Stall klappt!"

Reni sagte sich selbst, daß die Mutter so antworten müßte, nicht nur würde, sondern m ü ß t e. Es war doch ihr Beruf, und Herr Niethammer war ihr Chef...

Sie hatten wunderschöne, gemütliche Feiertage, Reni genoß es sehr, daß die Mutter ein bißchen mehr bei ihr war. Wenn sie auch alle Augenblicke in den Stall guckte, sie kam doch w i e d e r , und da saßen sie dann zusammen im Weihnachtszimmer, Mutter rauchte, Reni knabberte, und beide lasen in ihren neuen Büchern. Dann, am Abend des dritten Feiertags, kam das erwartete Fohlen zur Welt, und nun war Reni g a n z glücklich. Nun konnte Mutter mitfahren, herrlich, wunderschön würde das werden! Sie sang und pfiff und trällerte den ganzen Tag, und dann fingen sie und Erika an zu packen. Tagelang standen die Koffer aufgeschlagen in den Schlafzimmern, und es wurde hineingelegt und wieder herausgenommen, Bücher, Briefpapier, Kleider, Blusen, Pullover, Schisocken — sogar die Puppe und das geschnitzte Pferd gaben Gastrollen darin. Reni war nur immer ein bißchen unruhig, daß Mutter noch nicht packte, dann aber holte sie wahrhaftig einen Koffer vom Boden, und nun war es w u n d e r b a r.

Sie hatten verabredet, wirklich schon Sylvester zu fahren, dort mit Mutter zusammen zu feiern und sie erst am Abend des ersten Januar wieder fortzulassen. Sie würde also einen ganzen, langen, herrlichen Tag mit dort sein. Hoffentlich hatte dann der Onkel Doktor nicht gerade schrecklich viel zu tun, am Abend mußte er da sein, und wenn sie die Telefonleitung durchschnitt.

Zwei Tage vor Sylvester schlug das Wetter um. Es war bisher schneidend kalt gewesen, bei völliger Windstille, Sonne auf Schnee, ganz wunderbar. An diesem Morgen aber heulte der Wind im Schornstein, daß Reni früh davon aufwachte, und es war ein warmer Wind, man hörte es förmlich. Mutter war schon auf. Reni lief im Schlafanzug ans Fenster und steckte die Nase hinaus. Sie schlief, wenn sie Ferien hatten, wieder bei Mutter.

Ja, es war warm, und es roch nach Tauen — na, das war nicht schön, aber schließlich kein Unglück. Im Gebirge war es sowieso immer kälter, da hielt sich der Schnee noch. Reni wollte natürlich, daß sich das Heim vor Erika und Mutter doch in seinem schönsten Kleide präsentierte, und da es nun einmal Winter war, stand ihm der Schnee bestimmt großartig. Matsch, Regen und Sturm steht keinem „Draußenheim“, das ja eigentlich überhaupt im Sommer angesehen werden will.

„Heute rühren wir uns nicht aus der Bude“, begrüßte Erika die Freundin, „wollen wir nicht mal ganz kleine Mädel sein und Puppenküche spielen? Ich finde, das kann man ruhig mal. Es ist doch dumm, wenn man immer tut, als wäre man zu groß für so etwas, was man im Grunde furchtbar gern mag.“

Reni war einverstanden, und sie holten sich den kleinen Spiritusherd vom Boden, die Kochtöpfe und das entzückende kleine Puppengeschirr, das wohlverwahrt in der Bodenkammer gelegen hatte, und das Reni noch gar nicht kannte. Es war mit Bildern versehen, und zwar war nicht auf jedem Teller dasselbe Bild, sondern es gab vier verschiedene, die abwechselten. Ein Junge, der auf Stelzen läuft, einer, der einen kleinen Hund an der Leine führt, zwei Mädel mit einem Lämmchen und eine altmodische Eisenbahnlokomotive. Die Bilder waren mit zartrosa Strichen in das Geschirr gebrannt, wirklich entzückend. Es gab von allem zwölf Stück, zwölf tiefe und zwölf flache Teller, Tassen, Untertassen, eine niedliche Suppenterrine und Salatschüsseln, — kurz, alles, was ein richtiges Geschirr auch enthält. Die Mädel packten es aus, und Erika hörte mit Befriedigung Renis Entzückensausbrüche zu.

Nun überlegten sie, was sie kochen wollten.

„Am besten, wir gehen zu Mamsell, damit wir wissen, was sie uns gibt“, meinte Reni, aber Erika fand das verkehrt.

„Wir müssen ihr doch e r s t sagen, was wir kochen wollen — was ißt du denn am liebsten?“

„Hefeklöße, aber das kannst du wohl nicht“, sagte Reni zaghaft. Erika lachte. „Das wollen wir doch mal sehen!“

Schließlich einigten sie sich auf Hefeklöße und Schokoladensuppe, Rührei, Bratkartoffeln und Grießpudding. Die Mamsell sträubte sich auch nur spaßhalber ein bißchen und gab dann gutwillig heraus, was sie brauchten. Eifrig zogen sie damit ab. Und es wurde ein herrlicher Nachmittag, sie vergaßen alles um sich her und kochten, kochten so reichlich, daß sie richtig ein bißchen satt wurden. Natürlich ging auch manches schief, so nahm Reni aus Versehen Salz statt Zucker für den Grießpudding, zum Glück nicht gar zu viel. Erika riet, daß sie daraus eine Suppe kochen wollten, es ging auch ganz gut, nur klumpig wurde sie. Dafür kochten sie noch einen Pudding aus einem Pulver, und der wurde sehr ordentlich. Alles in allem waren sie so satt, daß sie an diesem Tag vergaßen, sich die Vesperbrote zu holen, was sonst nie vorkam. Dadurch merkten sie auch nicht, daß die Erwachsenen ebenfalls nicht zum Kaffee kamen. Es regnete draußen und war ganz plötzlich so warm geworden, daß im Hof wieder ganz große Pfützen standen. Man hatte nicht die mindeste Lust, hinauszugehen.

Abends kam Reni fröhlich in Mutters Zimmer und erzählte von dem wunderschönen Nachmittag. Mutter antwortete zerstreut, schließlich nahm sie sich zusammen und versuchte, auf das Kind einzugehen. Aber es gelang ihr nicht.

„Hoffentlich wird es nicht zu viel Wasser“, sagte sie, und Reni guckte verdutzt. Sie hatte eben geschildert, was sie morgen kochen wollten, und aus Kartoffelklößen konnte ja nun nicht gut zuviel Wasser werden ...

Sie lachte, als Mutter sagte, sie habe an etwas anderes gedacht. Dann ging sie bald schlafen — sie wollte nicht empfindlich sein, sich nur auf morgen freuen — und auf übermorgen. —

Am nächsten Tag war aller Schnee wie weggeleckt, und es regnete noch immer. Es mußte schon spät sein, aber Reni hatte keine Lust, gleich aufzustehen. Sie drehte sich im Bett herum, angelte nach dem Buch, in dem sie gestern abend noch gelesen hatte, und kroch erst aus den Federn, als sie einen gewaltigen Hunger verspürte.

Erika war nicht in dem Zimmer, in dem sie gestern gespielt hatten.

Reni suchte ein bißchen im Haus herum und hörte sie dann rufen. Sie war im Hof, kam aber gleich herein, als sie Reni sah, in Gummistiefeln und Regenmantel. „Nein, so eine Überschwemmung da draußen, und immer noch kommt mehr von oben!“ sagte sie. „Der Stall steht schon bis zum Mittelgang unter Wasser!“

„Der Kuhstall?“ fragte Reni mit mattem Interesse.

„Nein, der Pferdestall — sie werden ausquartiert, kommst du mit gucken? Sie wollen immer nicht ...“ Erika war schon wieder halb draußen. Reni drückte die Tür zu, durch die der Wind warm und feucht hereinfauchte. Sie überlegte, dann ging sie hinauf und holte sich auch ihr Regenzeug. Obwohl — wenn sie morgen fuhren, durfte es nicht durchweicht sein!

Aber man konnte es ja wieder trockenhängen, über der Heizung trocknete es schnell. Mutter war ja auch draußen und sicher patschnaß, und ...

Reni fuhr in die wasserdichten Skistiefel und zog über den Mantel noch die durchsichtige Regenhaut. So angetan konnte ihr das Wetter nichts anhaben. Sie lief in den Hof. Gleich darauf sah sie ihre Mutter, die, in Reithosen und langen Stiefeln, zwei Pferde führte, nicht vorwärts, wie das üblich ist, sondern rückwärts. Sie sollten in die Scheune hinein und schienen dazu gar keine Lust zu haben. Mutter redete ihnen gut zu und winkte ärgerlich ab, als ein Knecht kam und helfen wollte.

„Laß doch, du erschreckst sie bloß!“

Es war wirklich so, — wenn einer von den Knechten anfaßte, gingen die Pferde hoch, traten hin und her und warfen die Köpfe. Nur von Mutter ließen sie sich führen. Am besten konnte es eben doch Mutter. Reni empfand einen wilden, wenn auch versteckten Stolz, wie sie ihr so zusah. Mutter war in ihrer Art doch einzig!

Sie lief hinüber und hielt die Scheunentür auf, damit sie nicht etwa herumklappte. Mutter nickte ihr im Vorbeikommen zu, fröhlich und eifrig. Reni wurde es ganz warm ums Herz, sie blieb, bis alle Pferde geborgen waren. Erika war längst ins Haus gelaufen, aber Reni ging erst mit der Mutter.

Sie schüttelten sich in der Diele lachend das Wasser von den Sachen, dann ging Mutter ins Herrenzimmer zu Herrn Niethammer.

Am Nachmittag mußten die Pferde auch aus der Scheune heraus. Sie standen bereits dort wieder bis an die Fesseln im Wasser, es war eine wahre Sündflut, die niederging. Wohin jetzt mit ihnen? Herr Niethammer war für die Feldscheune, aber Mutter widersprach. Dort zog es, und wenn sie naß heimkamen, erkälteten sie sich.

Nach langem Hin und Her beschloß man endlich, sie ins Haus, in den Wintergarten, zu bringen. Schnell mußte alles, was darin stand, herausgeräumt und eine dicke Strohschicht hineingebracht werden. Alle halfen, auch Reni. Es war eine lustige Arbeit, obwohl der Anlaß ja beileibe nicht lustig war. Das Schwierigste war, daß es in den

Wintergarten durch den Park und dann eine kleine Treppe hinaufging. Es waren ja schließlich keine Zirkuspferde.

Mutter lachte über ihr ganzes, nasses, rotbäckiges Gesicht, als Herr Niethammer das äußerte. „Ich bekomme sie schon hinauf!"

Sie brachte es wirklich fertig. Manche rückwärts, andere mit verbundenen Augen, aber alle mit Geduld, Liebe und unaufhörlichem Zureden — aber sie brachte es fertig. Reni war glücklich, als alle untergebracht waren, schon deshalb, weil Mutter ja noch nicht fertig gepackt hatte. Nun würde sie wohl endlich mit hinaufkommen und sich um ihren Koffer kümmern. Sie kam auch wirklich, Reni atmete auf.

„Nun ist dein Mantel ganz naß — fährst du im Kostüm?" fragte sie, als Mutter sich auszog. Die Heizung zischte, weil es von den Sachen heruntertropfte. Mutter fuhr sich durch ihren nassen Schopf.

„Wahrscheinlich muß ich — aber du, Reni, ich glaub', ich komme überhaupt nicht mit. Wenn ihr euch doch alleine traut — es ist doch jetzt hier gar zu viel zu tun!"

„Du willst nicht ..." Reni hatte es gewußt, aber es traf sie dennoch wie ein Fausthieb. So sehr hatte sie sich gefreut gehabt! Sie stand mit hängenden Armen und sagte nichts.

Mutter drehte sich um und sah sie an, mitleidig, zärtlich, aber auch ein bißchen ungeduldig. „Das mußt du doch einsehen, Mädel!"

„Aber gerade das war doch mein größter Wunsch", schluchzte Reni, es klang trotziger, als ihr zumute war. Zumute war ihr eigentlich nur traurig.

„Sei doch vernünftig", sagte die Mutter leise, „und dein größter Wunsch — das war, daß du mit Erika ins Heim fahren dürftest?"

„Ja, aber mit dir —"

Reni wußte selbst, daß das nicht so war. Aber sie wünschte es sich *jetzt* eben so sehr — sie erinnerte sich an ein kleines Gedicht, das der Doktor manchmal zitierte. Von jemandem, der sich so sehr etwas wünscht — und dann noch etwas, und dann wieder etwas — es hieß am Schluß: „Ein jeder Wunsch, der sich erfüllt, kriegt augenblicklich Junge."

Sie wollte etwas davon sagen, wollte der Mutter das Herz, das doch sicher auch schwer war, erleichtern ... sie setzte schon an dazu. Immer hatte der Doktor sie gelehrt: Denke an die andern, wenn es dir einmal traurig ums Herz ist. Denke daran, daß vielleicht jemand neben dir steht, der noch trauriger ist. Werde nicht egoistisch durch einen Schmerz, sondern versuche zu trösten! Vielleicht hätten Reni und Mutter gerade in diesem Augenblick, in dem sie einsahen, daß sie sich trennen mußten, endgültig zueinander gefunden. Vielleicht — wenn Renis Mutter die Fähigkeit gehabt hätte, im richtigen Moment geduldig zu sein. So wie es der Doktor war, — der hatte so unendlich viel zu tun, aber wenn es darauf ankam, hatte er immer, immer Zeit ...

Wenn sie ihr Mädel jetzt auf den Schoß gezogen und mit ihr gesprochen hätte, in herzlicher Ruhe. Aber Renis Mutter war jung, sie war erfüllt von der neuen Aufgabe, die das Hochwasser ihr gestellt hatte, sie war unruhig und voll eigener Sorgen. Und so sagte sie nur — noch ehe Reni etwas Liebes, Warmes und Tröstliches aussprechen konnte: „Aufgeschoben ist nicht aufgehoben, Reni. Sei vernünftig und heul' jetzt nicht, ich kann das nicht vertragen!"

Reni heulte nicht. Nein, das wenigstens brachte sie fertig, sie brachte auch fertig, aus dem Zimmer zu gehen und die Tür leise hinter sich zu schließen. „Man soll sein Temperament nicht an unschuldigen weißen Türen auslassen", hatte der Doktor einmal ermahnt, als sie, in Wut und Trotz, die Tür schmiß. Sie ging leise und artig hinaus, aber innerlich tobte sie. Gut, sie würde allein fahren, allein mit Erika, und überhaupt nicht wiederkommen. Nie! Mutter hatte ja ihre Pferde, Mutter brauchte keine Tochter.

Es war elf Jahre ohne sie gegangen, und so würde es auch weiter gehen. Nein, sie bat Mutter nie, niemals wieder, an ihrem eigensten Leben teilzunehmen!

Frau Jahnecke sah ihr nach, unschlüssig. Sollte sie hinterherlaufen und das Mädel am Kopf nehmen? Natürlich war Reni enttäuscht, und es tut so gut, wenn man dann getröstet wird — wenn auch, wie sie selbst oft erfahren hatte, Trost eben nur bis zu einem gewissen Grade hilft und heilt. Er kann entbittern, aber die Traurigkeit nicht nehmen.

Reni war noch klein, man konnte von ihr nicht verlangen, daß sie einsah, wie unabkömmlich ihre Mutter jetzt hier war. Denn daß sie unabkömmlich war, war ja wohl klar ... Sie hatte doch nun endlich eine Arbeitsstelle, die ihr zusagte — wie lange hatte sie danach gesucht —, die sie nicht verlieren wollte — vor allem um der Pferde willen. Denn sie war, durch ihre früheren Arbeitsplätze, den Menschen gegenüber vorsichtig, sogar ein klein wenig mißtrauisch geworden. Ihr ging es, wie vielen, die in abhängigen Stellungen sind: Seit ich die Menschen kenne, liebe ich die Pferde ...

Sie hatte sich an die sanfte, edle Kreatur so innig angeschlossen, weil sie die Menschen fürchtete — man ahnte das nicht bei ihrer äußerlich so forschen, frischen Art. Niemand wußte, daß sie sich dahinter nur verschanzte, daß sie eigentlich anders war, weich, anlehnungsbedürftig. Hier war sie ja eigentlich Sekretärin, nur durch ihre Liebe zu den Pferden, die Herr Niethammer gut verstand und wegen der er sie besonders schätzte, war es ihr gelungen, zu dieser lebendigen Arbeit neben all den Schreibereien und Rechnungen zu kommen. Sie füllte also eigentlich zwei Posten aus — das war an sich schon schwierig. Wenn man auch das Schriftliche wesentlich abkürzen und in den Winter verbannen konnte. Für sein Steckenpferd opfert man ja nur zu gern all seine freie Zeit ...

Ja, aber all diese freien Minuten gingen nun für die Pferde drauf, und für Reni Zeit zu finden, das war wirklich kaum möglich. Sie hatte sich damals, als Erika mit ihrem Plan herausrückte, die Sache so zurecht gelegt gehabt, daß Reni dann immer bei ihr sein könnte, wenn sie bei den Pferden zu tun hatte. So wie heute nachmittag — sie konnte sich einfach nicht vorstellen, daß ihr Kind, ihre Tochter n i c h t begeistert von den Pferden sein könnte. Nun drückte sie das Gefühl, Reni Unrecht getan zu haben. Mehr — ihr weh zu tun — aber, lieber Gott, es ging ja doch nicht anders! Und ihr tat das Leben auch weh, ohne daß sich jemand darum kümmerte. Sie war allein, seit vielen, vielen Jahren, sie mußte sich durchs Leben boxen, wie es eben ging, niemand bedauerte sie, niemand dankte es ihr. Auch Reni nicht, Reni war nur verbockt, weil es nicht nach ihrem Kopf ging ...

Sie blieb vor der Fotografie ihres Mannes stehen, die auf dem Tisch stand, ein paar Christrosen in einer Schale davor. Lang sah sie ihn an, das frische, junge, ernsthafte Gesicht, das sie so sehr geliebt hatte. Immer sah sie es an, wenn sie nicht wußte, was tun.

„Und wenn es dir einmal schlecht geht, laß dir helfen! Sei nicht hochmütig! Hilfe ablehnen ist Hochmut. Bleibe weich, auch wenn du nach außen hin hart scheinen mußt!"

Das hatte er ihr einmal geschrieben, als er schon im Krankenhaus lag. Ob er damals schon damit gerechnet hatte, zu sterben, oder ob er nur die augenblickliche schwere Zeit für sie meinte, wußte sie nicht. Eigentlich rechnet ja wohl so ein junger Mensch nicht mit dem Sterben, bis zuletzt nicht — aber er war ja Arzt, oder wenigstens werdender Arzt. Vielleicht hatte er es doch gewußt.

Laß dir helfen. Aber wer half ihr denn? Sie war so allein, obwohl Niethammers nett zu ihr waren, obwohl sie beliebt war bei den Leuten auf dem Hof, obwohl — ja, obwohl sie eine kleine große Tochter hatte, die sie liebte.

Sie stand ganz still und sah in den Regen hinaus. Ihr Herz war schwer. Aber sie wußte niemanden, dem sie das hätte sagen können.

Sylvester im Heim - Gruselgeschichten

„Da, Erika, die Berge! Jetzt sieht man sie schon!" sagte Reni aufgeregt und zog Erika ans Abteilfenster. „Dort — manchmal gehen wir da rauf, da gibt es Himbeeren in Mengen, und Blaubeeren und wilde Erdbeeren, man kann viele, viele Stunden durch die Berge laufen, und im Winter schifahren! Ich finde, ein Land ohne Berge ist überhaupt kein richtiges Land — jedenfalls —"

Jedenfalls keine Heimat, hatte sie eigentlich sagen wollen, aber sie verschluckte es noch rasch. Erikas Heimatgut lag ja in einem rettungslos flachen Land, und sie hing d o c h daran, liebte es als Heimat.

„Der Onkel Doktor ist bestimmt nicht an der Bahn, dazu hat er zu viel zu tun“, erzählte sie weiter, voller Eifer. „Und er arbeitet sicher alles vorher auf, damit er Zeit für uns hat. Am Neujahrstag holen ihn immer schrecklich viele Leute, weil sie sich am Sylvesterpunsch die Mägen verderben — auch am ersten Weihnachtsfeiertag. Dumm, nicht? Doktors haben es nicht leicht auf der Welt, und wenn die Leute vernünftiger wären ...“

„Du erzählst immerzu von eurem Doktor“, sagte Erika nachdenklich. „Ich denke, Tante Mumme leitet das Heim?“

„Ja, das tut sie auch, eigentlich. Aber sie fragt ihn in allem um Rat, und er war ja schon immer der Heimarzt, auch, als er noch in der Stadt wohnte, dort, wo er seine Praxisräume hat. Jetzt können wir uns gar nicht mehr vorstellen, daß er nicht immer bei uns wohnte. Das Haus links vom Hof ist unseres, da ist auch mein Zimmer, von dem ich dir schon erzählt hab. In dem Haus zur Rechten sind die Schlafsäle, der Wohnraum, die Gemeinschaftsräume — und die Turnhalle geht quer rüber. Ach, du wirst schon sehen!“

Immer endeten alle ihre Beschreibungen mit einem verheißungsvollen: Du wirst schon sehen! Erika war auch gebührend gespannt.

Sie kamen an, der Zug hatte kaum Verspätung, und von den Bergen herunter leuchtete es noch weiß. Gottlob, Erika würde es bestimmt schön finden!

Es war ein ziemlich weiter Weg durch die Stadt, der Bahnhof lag am anderen Ende. Sie stiegen in die Straßenbahn, schon wegen der Koffer, aber auch aus Ungeduld. Und wie langsam sie fuhr!

„Ich weiß nicht, so viel Zeit brauchte man früher nie, um nach Hause zu kommen“, sagte Reni. Erika lachte.

Aber dann war es endlich doch so weit, sie liefen die letzten hundert Meter im Trab. Da lag das geliebte Heim, dicke Schneewälle waren aufgeschaufelt, und das Dach war noch dick wattiert. Reni rannte — Erika konnte gar nicht mehr mit. Hinein ins Haus und — „Tante Mumme, Tante Mumme!“

„Lieber Gott, Mädel bist du schon da? Das ist doch nicht möglich! Christian ist doch gerade erst fort!"

„War er an der Bahn?" fragte Reni atemlos. „Ich hab' ihn nicht gesehen. Niemanden hab' ich gesehen. Und wann kommt der Onkel Doktor?"

„Er muß jeden Augenblick da sein — ach, da ist ja auch Erika!

Guten Tag, mein liebes Kind, Reni läßt dich stehen und rennt dir davon wie verrückt!"

„Ja, verrückt kann man schon sagen", lachte es hinter ihnen, und Reni drehte sich fix um. Da stand ein großer Junge mit den guten, braunen Augen ihres geliebten Doktoronkels, und mit einem gutmütigen, breiten Gesicht, das so nett aussah, daß sie gar nicht verlegen wurde. „Ich konnte doch nicht ahnen, daß du uns abholst!"

„Schadet nichts, wenn du nur da bist. Vater erzählt immerfort von dir, ich bin schon ganz eifersüchtig“, sagte Christian in seiner ruhigen Art. Reni ließ ihn vorläufig stehen.

„Erst muß ich mir alles ansehen — überall gewesen sein, in der Küche und in der Turnhalle — ist die Tante Thea noch fort? Aber sie kommt doch wieder, oder hat sie sich inzwischen verlobt? Und in den Schlafsälen und auf der Wiese ...“

„Aber in deinem Zimmer wohn' ich jetzt“, sagte Christian, der mit ihr die Treppe hinunterlief. „Wenn du willst, zieh' ich aus!“

„Unfug. Der Onkel Doktor hat mir's schon geschrieben, ich weiß es längst. Ich schlaf' mit Erika in einem Schlafsaal, wir beide ganz alleine, bis die nächsten kommen ...“

„Aber nur, wenn du wirklich magst“, sagte Christian noch. Sie sah ihn an. „Dir geb' ich mein Zimmer gerne!“

Sie sprach die Wahrheit. Es war eine Tatsache, was sie da aussprach: sie gönnte ihm ihr Zimmer, wenn auch erst seit diesem Augenblick. Vorher, bei Niethammers, war es ihr immer gewesen, als drücke ihr eine fremde Hand das Herz zusammen, wenn sie daran dachte, daß ihr liebes, weißes Zimmer jetzt ... Sie hatte das vor sich selbst nicht wahrhaben wollen, hatte es immer weggeschoben; es war ja nun das Zimmer für den Sohn des Onkel Doktors. Erst jetzt, in dem Augenblick, da sie ihn selbst kennen lernte und in seinem Gesicht das Gesicht seines Vaters sah, so deutlich, wie ihr das im ganzen Leben wahrscheinlich nicht wieder geschehen würde; denn wenn man sich besser kennt, sieht man so etwas nicht mehr, man gewöhnt sich daran und sieht dann auch die Unterschiede, die ja auch stets vorhanden sind. — In diesem Augenblick erst war das Wahrheit geworden, was sie so schnell ausgesprochen hatte: Sie gönnte ihm das Zimmer. Wenn jemandem, dann ihm! Und es erfüllte sie mit einer kaum zu fassenden Freude, daß sie das konnte.

Überhaupt — sie war ja so froh, so froh! Jede einzige Türklinke gab ihr die Hand wie ein Mensch, jedes Fenster lachte ihr zu wie ein Gesicht. Daß sie es überhaupt so lange ausgehalten hatte, fort zu sein!

Und nun brummte es auch im Hof, der Ton, den sie oft im Halbwachen oder Träumen gehört hatte — das Auto schnurrte den Berg herauf. Sie rannte, daß selbst Christians lange Beine nicht mitkonnten. Der Onkel Doktor mußte noch vor der Garage halten, Reni wäre ihm sonst in den Kühler hineingerannt. Sie konnte kaum abwarten, bis der große, schwere Mann aus dem Wagen gekrochen war, und dann hing sie endlich an seinem Hals. „Lieber, lieber Doktoronkel!" — „Na endlich! Und mit Christian bist du auch schon bekannt? Das ist recht. Wie war die Fahrt? Wo ist Erika und wo die Frau Mutter?"

„Erika ist oben, aber die Mutter ist nicht mit", berichtete Reni, nach Luft schnappend, „wir hatten Hochwasser und die Pferde im Haus, im Wintergarten, denk mal, sie guckten zum Fenster raus, wenn man unten vorbeiging!" Wirklich, jetzt kam ihr das alles genau so lustig und komisch vor, wie sie es erzählte, — daß die Pferde die Treppe hinaufgehen und im Hause wohnen mußten. Und sie sah auch völlig ein, daß die Mutter dabeizusein hatte. Mutter konnte nicht fort — Punkt. „Und was machen wir heute abend?"

„Kaminfeuer. Das erste — immer wenn ich den Kamin anfeuern wollte, sagte Vater, Kaminfeuer ohne Reni ist wie eine Suppe ohne Salz", erzählte Christian halb lachend, halb empört. Sein Vater fuhr ihm über das Gesicht. „Schwatz nicht aus der Schule, Reni wird sonst eingebildet!"

„Hast du das wirklich gesagt?" fragte Reni feuerrot.

Er lachte sie aus. „Wie eine Milchsuppe ohne Salz — in Milchsuppen gehört nämlich gar keins!"

„Hach!" Reni wußte schon, daß es eine Ausrede war. „Na, wir haben neulich eine Milchsuppe gekocht, gelt, Erika? Also scheußlich."

„Gibt's auch Punsch?" erkundigte sich Christian neugierig. Sein Vater machte ein übertrieben empörtes Gesicht.

„Punsch? Buttermilch! Das ist das Richtige für solche Milchbärte, wie du einer bist!"

Tante Mumme blinzelte ihm zu. „Natürlich gibt's was Gutes", flüsterte sie ihm und Reni zu, und Erika wunderte sich, wie die

beiden, Christian und Reni — es war wirklich, als kennten sie sich schon lange — hochsprangen und den Doktor auslachten. Es entfaltete sich nun eine wilde Tätigkeit. Christian mußte Holz holen und den Kamin anbrennen, was ja bekanntlich eine Geheimwissenschaft ist, Reni und Erika wurden in die Küche beordert, um Tante Mumme zu helfen, dazwischen schrillte das Telefon. Der Doktor mußte wirklich nochmal fort.

„Zu schade, daß deine Mutter nicht da ist", sagte Erika, während sie die Teller mit den hochgetürmten Kuchenstücken hinüber ins Kaminzimmer trugen. Reni fand das auch, sie nickte, aber tief innen in ihr brodelte doch noch ein kleiner Zorn. Ganz so selbstverständlich, wie sie es dem Onkel Doktor hatte glauben machen wollen, war es ihr doch nicht, daß Mutter nicht mitgekommen war. Aber sie drängte es fort, sie wollte froh sein heute abend, und sie w a r auch froh.

Der dicke Holzkloben, mit dem sich Christian so abgemüht hatte, um ihn zum Brennen zu bringen, hatte endlich seinen Widerstand aufgegeben und glühte — nun war keine Angst mehr, daß das Feuer wieder ausging. Tante Mumme schob die Sessel und das kleine Sofa um den Kamin, stellte den Teewagen zurecht und rückte und ordnete noch ein bißchen an Decken und Kissen herum. Reni war noch rasch zum Briefkasten gelaufen, um die Karte an die Mutter, daß sie gut angekommen seien, einzuwerfen; als sie wiederkam, war das Auto schon in den Hof eingefahren. Also war der Onkel Doktor da, gottlob! Sie zog unten den Mantel aus und trat ins Kaminzimmer, da hörte sie ihn eben schimpfen.

„Donnerwetter, was für ein verflixter Esel hat denn diese Flasche zugekorkt, das ist ja einfach eine prämierte Dummheit! Das — fluch doch nicht so am heiligen Sylvesterabend", fuhr er Christian an, der stumm dabeigestanden hatte — er hatte gehört, daß Reni hereinkam. Sie lachte.

„Du denkst wohl, ich kenn' diese Stimme nicht mehr! Und dein Geschimpfe!"

„Ich schimpfe nie!" entrüstete sich der Doktor, und Christian ging lachend in die Kniebeuge, weil sein Vater mit weitausholendem Arm zu einer Ohrfeige ansetzte. Der Punsch wurde auf den elektrischen Topf gesetzt, in einem feuerfesten Glaskrug, er sah herrlich aus, rubinrot und glühend.

„Nun mußt du aber auch erzählen!" bat Reni, als sie sich zurechtsetzten, die Gläser gefüllt waren und der Doktor seine Zigarre genießerisch in Brand gesetzt hatte. Ja, erzählen, das gehörte zum Kaminabend wie die Butter zum Butterbrot. Tante Mumme hatte ihre große Häkelei entfaltet. So war es richtig ...

„Wenn's geht, eine Gruselgeschichte!" ließ sich jetzt Erika, schüchtern, aber brennend vor Begierde, vernehmen. „Reni sagt, am Kamin muß man Gruselgeschichten erzählen!"

„Das kann manchmal schlimm ausgehen, wenn man sich gruseln will", lachte Tante Mumme. „Ich warne Neugierige! Mir ist es einmal so ergangen, da war ich — wart einmal, doch, ich war schon ein paar Jahre älter als ihr ..."

„Und? kam da wirklich ein Gespenst?" fragte Christian lachend.

„Du Naseweis, wenn du gleich so anfängst, erzähle ich nicht!"

„Doch, wir sind auch ganz still!" beteuerte Reni und gab Christian einen Puff in die Seite. „Also erzähl, Tante Mumme, wo war es?"

„Auf einem Gut, auf dem ich kochen lernte, mit ein paar andern Mädeln zusammen“, begann Tante Mumme, „wir waren vielleicht sechzehn, siebzehn Jahre alt. Eines Abends nun, im Herbst, in der unheimlichsten Zeit, waren wir allein im Haus. Die Gutsleute waren ausgegangen, die Verwalter schliefen drüben im andern Gebäude, die Küchenmädel hatten frei. Nur wir, noch zwei solche Küken und ich, waren da. Wir verriegelten die Türen, schlossen die Fenster und hatten nun das erhebende Bewußtsein, allein zu sein, und wir w o l l t e n uns gruseln. Also setzten wir uns ins Wohnzimmer, das uns sonst verschlossen war, zündeten eine Kerze an — das elektrische Licht war uns zu hell, dabei kann man sich ja doch nicht gruseln — und stellten diese Kerze mitten vor uns auf den Tisch. Dann las ich den andern eine fürchterlich spannende und unheimliche Geschichte vor, wo hinter einem Mörder immer Schritte hergehen, tapp, tapp, ohne daß man jemanden sieht. Immer — so lange, bis er verrückt wird und die Tat eingesteht. Es war eine wunderschöne und schauerliche Geschichte.

Gerade, als ich zu Ende bin, hören wir draußen Schritte. Draußen, das heißt nicht im Freien, sondern im Flur, ganz deutlich geht es: tapp, tapp, — uns lief es kalt über den Rücken. Bis zum Lichtschalter mochten wir nicht gehen, wir saßen da wie gelähmt. Denn wir wußten ja, daß alle Türen und Fenster zu und niemand im Haus war.

Und dann ging die Tür auf und Schritte kamen herein, — tapp, tapp, ohne daß wir jemanden sahen ...“

Erika ächzte vor Grauen, während sie Tante Mumme anstarrte. Sogar der Doktor vergaß an seiner Zigarre zu ziehen.

„Dann kam es immer näher. Bis an den Tisch ...“

„Das ist doch nicht möglich!“ flüsterte Reni und schob ihre Hand auf den Arm des Doktors, da fuhr Tante Mumme fort:

„Doch, es war so. Es war der Hund, Prinz hieß er — er konnte die Tür aufmachen, und an ihn hatten wir nicht gedacht. Es war ein großer, gelblicher, zottiger Kerl, so einer, wie es jetzt keine mehr gibt, ich sehe ihn noch vor mir. Der Schatten des Tisches fiel gerade so nach der Tür hin, daß er ihn zudeckte. Wir konnten ihn nicht sehen. Es war schaurig, sage ich euch. Wir sind dann sofort ins Bett gekrochen und haben nie wieder Gruseln gespielt!"

Die andern lachten erlöst. „Aber ich möchte trotzdem ..." sagte Erika schüchtern.

„So was erleben?" lachte Christian. Sie wehrte ab.

„Nein, aber noch eine h ö r e n !" Sie sah den Doktor begierig an. Der lachte vergnügt.

„Hören, das ist ungefährlich, erleben mag sie nicht. Seht doch mal die kleine Eva an: wasch' mich, aber mach' mich nicht naß! Ich erlebe solche Geschichten lieber!"

„Hast du? Hast du wieder mal eine erlebt?" fragte Reni brennend vor Spannung. Er nickte.

„Jedenfalls was ziemlich Unbegreifliches. Ich fahre da neulich nach Remptengrün hinaus, nachts, es war noch kein Schnee, im November. Es war eine dunkle Nacht, und ich war müde und fuhr nicht langsam, um bald wieder zu Hause und im Bett zu sein. Wie ich nun so fahre, sehe ich auf der Straße eine Dame stehen und winken. Ich hielt an, stieg aus, ging vor den Wagen — niemand da. Na, so was! Vielleicht hat sie nun Angst bekommen vor mir dickem Kerl, denke ich, rufe, sehe mich noch einmal um, meinetwegen. Ich steige also wieder ein, schalte auf Fernlicht — ich hatte auf Stadtlicht gedreht gehabt — da steht die Dame wieder, mit hocherhobenem Arm, und winkt. Na, denk' ich, nun hat sie sich's überlegt. Ich mache die Tür auf und rufe — nichts. Ich schalte wieder das Licht ein — da steht sie. Nun wurde mir's aber zu bunt."

„War es auch wirklich eine Dame, Onkel Doktor?" fragte Reni mit offnen Augen. „Oder war es ein ..."

„Ein Straßenräuber? Ich dachte auch so was", sagte der Doktor, befriedigt von der Wirkung seiner Geschichte, „na, ich drehe wieder auf kleines Licht, steige aus, rufe — und gehe schließlich ein paar Schritte vor, um mich richtig und von den Lichtern ungeblendet umzusehen. Und da finde ich — ratet mal, was!"

„Eine Leiche!“ platzte Erika heraus.

Tante Mumme zuckte zusammen. „Wirklich, Paul?“

„Nein, eine Leiche nicht, aber ...“

Nur Christian saß da und sagte nichts. Er sah den Vater forschend an.

„Was guckst du denn so, Junge?“ fragte der Vater streng. Christian sah ihn mit einem Ausdruck an, der Reni derart an den seines Vaters erinnerte, daß sie, mitten in der Spannung, laut lachen mußte. „Du lachst?“ fuhr der Doktor sie an. „Ich erzähle nicht weiter!“

„Doch, bitte, bitte, nein, jetzt darfst du nicht aufhören!“

Sie baten und bettelten, endlich ließ er sich herab und begann von neuem: „Also, was glaubt ihr wohl, was ich da sah? Ich sah, daß gleich dort, wo mein Auto stand, vielleicht fünf Meter weiter, die Straße aufgerissen war. So tief und weit, daß ich mit meinem Wagen den schönsten Saltomortale hinein gemacht hätte. Weit und breit kein Mensch. Es hatte mich wohl mein guter Engel gewarnt.

Die Leute mußten dort gebaut und vergessen haben, eine rote Lampe als Warnsignal aufzustellen. Ich fuhr zurück und gleich auf die Polizei und veranlaßte, daß die Lampe hinkam, vielleicht funktionierte der Schutzengel anderer Autofahrer doch nicht so prompt.“

„Mein Gott, was hätte dir alles passieren können!“ sagte Tante Mumme noch ganz auseinander, sie hatte die ganze Zeit nicht mehr gehäkelt vor Spannung. „Und woher kam die Dame? Hast du wirklich eine gesehen?“

„Ja. Auch das klärte sich auf. Es war ein Blatt an meinen einen Scheinwerfer geweht, das in dem Lichtkegel einen Schatten gab, der genau wie eine winkende Dame aussah. Daß das gerade d o r t passierte und ich sogar ein drittes Mal ausstieg, um nachzusehen, was los ist, d a s kann ich nun nicht erklären!“

„Vielleicht steht es in der ‚Gartenlaube‘“, sagte Christian trocken. Alle guckten ihn erstaunt und aus der Spannung gerissen an.

„In welcher Gartenlaube?“ fragte sein Vater, sichtlich gestört.

„Ich weiß nicht, welche Nummer es war“, sagte Christian, „die letzte oder vorletzte!“ Sein Vater schlug sich wütend aufs Knie.

„Der Bursche soll nicht immer die Illustrierten lesen!“ rief er polternd. „Sie sind nichts für einen Dreikäsehoch, der noch nicht trocken hinter den Ohren ist. Er vermasselt mir meine schönsten Erlebnisse!“

Allmählich schlug es bei Reni zusammen. „Du hast nicht ...“

„Natürlich hab' ich es erlebt, bloß jemand hat das ausgenützt und in die Zeitung geschrieben ...“ Nun lachten sie alle.

„Onkel Doktor, du hast gelogen!“ rief Reni halb triumphierend, halb bedauernd. Er verkroch sich hinter sein Punschglas. „Ihr wolltet doch eine erlebte Geschichte hören!“ murmelte er kleinlaut. „Aber nun erzähle ich nie mehr etwas, jedenfalls, solange solch ein ungläubiger Thomas hier dabei ist!“

„Christian, ein ungläubiger Christian“, verbesserte sein Sohn mit einem winzigen Lachen in den Mundwinkeln. „Übrigens les' ich sonst in den Zeitschriften niemals — nur dieses eine Mal. Es lag ein Stück davon auf einem verschwiegenen Örtchen!“

„Dorther habe ich es auch!“ rief sein Vater, und nun lachten sie alle so sehr, daß alle Mißstimmung verflogen war. Allerdings ließ sich der Doktor nun sehr bitten, — er wollte nicht mehr erzählen, wenn man ihm doch nicht glaubte.

„Es gibt aber so was“, ließ sich nun Erika vernehmen, „es gibt Warnungen, die man sich nicht erklären kann. Daß die Uhr stehen bleibt oder ein Bild herunterfällt ...“

„Besonders, wenn man die Uhr nicht aufgezogen hat und das Bild an einem durchgerosteten Nagel hängt“, bestätigte der Doktor.

„Nein, nicht nur so, ich meine —“

„Ich weiß, was Erika meint“, ließ sich jetzt Christian hören, „und sie hat auch recht, es gibt so was. Wenigstens bei manchen Menschen — ein Freund von mir hat einmal was ganz Komisches erlebt. Und der schwindelt bestimmt nicht!“

„Du meinst, so wie ich“, schaltete der Doktor ein.

„Nein, denn er bestritt früher all so etwas heftig. Nun erlebt er folgendes: Er fährt mit dem Motorrad los, und nach einer Weile fällt ihm ein, daß er die Papiere vergessen hat, Führerschein, Zulassungskarte und so weiter. Er denkt, ach, es wird schon keine

Kontrolle kommen. Aber nach einer Weile, kurz vor einem Dorf, wird es ihm doch ungemütlich. Er sieht auf die Uhr. Gern dreht er nicht um, denn es ist schon spät. Aber er tut es doch, obwohl er sonst wirklich kein Angsthase ist, holt die Brieftasche, gibt ein bißchen mehr Gas und fegt dieselbe Straße zurück. Als er in das Dorf kommt, vor dem er vorhin umkehrte, ist dort Kontrolle. Wirklich und wahrhaftig. Wo doch Kontrollen an sich selten sind...“

„In welcher Zeitschrift und in welcher Lokalität hast du denn das gelesen?“ erkundigte sich der Doktor spöttisch, der seine Niederlage von vorhin noch nicht ganz verschmerzt hatte.

„Es ist so passiert, wie ich es erzählt habe!“

„Doch, es mag so was geben“, sagte sein Vater schließlich, ernster werdend, „wenn es auch nicht jedem Menschen widerfährt. Aber nahen Verwandten — Leuten, die sich sehr sehr liebhaben, kann schon manchmal eine Botschaft übermittelt werden, die keine natürliche Erklärung findet.“

„Was für eine Botschaft?“ fragte Reni mit großen Augen.

„Es braucht ja nicht gerade eine heruntergefallene Uhr zu sein, wie Erika es vorschlug“, sagte der Doktor lächelnd, „aber vielleicht muß man plötzlich und ohne äußere Ursache an den andern denken, wenn dem gerade etwas passiert, ganz stark — oder man schreibt an ihn in derselben Minute, in der er schreibt —.“

„Hast du schon mal so was erlebt?“ fragte Reni drängend, aber der Doktor verwahrte sich lachend. „Ich erzähle nicht mehr!“

Er erzählte aber doch noch, jedoch lustige und harmlose Geschichten, um die kleinen Mädel abzulenken und nicht aufzuregen. Als es zwölf schlug, öffneten sie das Fenster, um das neue Jahr hereinzulassen, wie Tante Mumme sagte, und sahen hinauf zu den schimmernden Sternen. Es würde wohl wieder kalt werden. Reni dachte an die Mutter und an das Hochwasser, aber es war so fern.

„Ich bin hier zu Hause!“ dachte sie und drängte sich mit der Schulter an den Ärmel des geliebten Doktoronkels. Er umfaßte sie leicht und sie fühlte sein Lächeln mehr als sie es sah in dem blassen Sternenlicht, als er sagte: „Wie schön, daß du da bist, Kindel!“

Ein schöner Tag und ein trauriger Abend

Der nächste Tag gehörte ihnen noch ganz allein. Christian und die beiden Mädel hatten verabredet, trotz des späten Schlafengehens zeitig aufzustehen, damit sie etwas von diesem Tag hätten. So fanden sie sich schon um acht bei Tante Mumme zum Frühstück ein, und da es wirklich wieder kalt geworden war, Sonne auf Schnee, beschlossen sie, in die Berge zu gehen. Mit Schiern! Reni hatte ihre noch hier, für Erika fanden sich welche aus dem Bestand des Heims, und Christian besaß eigene, sogar welche mit Stahlkanten. Er gab ungeheuer an damit. Ja, sie wollten los, es war ein großartiger Gedanke.

Reni hatte nur eine Hemmung. Heute war doch Feiertag, da wäre es doch eigentlich richtiger, sie blieben beim Onkel Doktor. Aber Tante Mumme schüttelte lächelnd den Kopf. Er sei schon auf, schon lange — Reni hatte angenommen, er schliefe noch und müßte dann, wenn sie fort wären, zu einem einsamen Frühstück Tränen vergießen — und ein kleines Kind sei im Begriff, das Licht der Welt am ersten Tag des neuen Jahres zu erblicken, und dazu würde er gebraucht. Das könnte lange dauern. „Fahrt nur!"

Gut, sie fuhr mit. Tante Mumme stopfte ihnen einen gemeinsamen Rucksack voll Proviant, ermahnte sie noch ohne Ende, vernünftig und nicht zu waghalsig zu sein. „... nein, nein, Tante Mumme, hab keine Angst! Wir fahren höchstens über die Sprungschanze!" tröstete Christian sie, und wieder erinnerte er Reni in der Art zu sprechen derart an seinen Vater, daß sie schrecklich lachen mußte. Was es doch für seltsame Familienähnlichkeiten gab!

Der Tag wurde ein einziger Glanz. Reni wußte im Gebirge gut Bescheid, um die andern führen zu können, Christian fuhr am besten, und Erika sah zweifellos am hübschesten aus von ihnen dreien. Sie hatte einen nagelneuen, hellgrünen Schianzug, der ihr zu ihren dunklen Haaren famos stand, und Reni war ganz stolz auf die Freundin. Als sie dann zur Schanze kamen, packte Christian der Übermut.

„Ich fahr' rüber!"

„Du bist verrückt!" sagten die Mädel bewundernd und entsetzt, aber gerade ihr Entsetzen gab ihm den richtigen Mumm. Er erstieg tatsächlich die Höhe und kletterte hinüber auf den Anlauf. Reni stand unten und machte große, bewundernde Augen, hoffte aber immer noch, er würde es nicht tun. Denn dann fühlte sie sich verpflichtet, womöglich auch zu springen ... Erika bat und bettelte, er solle es doch lassen. Schließlich gab er nach und kletterte wieder hinunter, er hatte ja auch keine Sprungschier.

„Aber den Auslauf fahr' ich runter", sagte er, und Reni ließ sich hinreißen, zu sagen:

„Dann fahr' ich ihn auch! Ich lauf' doch schon so lange Schi, und außerdem bin ich hier aufgewachsen!"

Christian erklomm die Höhe vor dem fast senkrechten Auslauf mit den Schiern — vorhin hatte er abgeschnallt gehabt — und schob sich langsam an den Ablauf heran. Er achtete nicht mehr auf die Mädel, sein Gesicht war jetzt ernst und zusammengerissen und ganz weit weg. Schließlich stieß er sich mit einem Schwung ab, ließ die Stöcke stehen und sauste. Mitten auf dem ersten, fast senkrechten Stück sah es aus, als verlöre er das Gleichgewicht, aber er fing sich wieder und fuhr sogar ganz schmalspurig, in erstklassiger Haltung, hinunter. Unten machte er einen wahrhaft klassischen Kristiania und stand.

„Na, wie hab' ich das gemacht!" war sein ganzes Wesen, als er wieder aufstieg — die Mädel hatten auf halber Höhe gewartet. Sie nahten sich ihm bewundernd.

„Wie ist es?" fragte Reni.

„Nur zu empfehlen!" ermutigte er sie. „Ich fahr' nochmal! Es ist nur der Moment des Abfahrens!"

„So wie beim Springen im Bad?" fragte Reni eifrig. „Da ist es auch so scheußlich, wenn man oben steht und unten das Wasser sieht. Aber es ist nur der Entschluß, ich weiß!" Sie zappelte eifrig hinter ihm her. Erika kam für solche Extravaganzen natürlich nicht in Frage, sie bildete das bewundernde Publikum, das ja schließlich auch da sein mußte. Jetzt waren Christian und Reni oben angelangt.

„Willst du erst oder soll ich?" fragte Christian. „Wenn ich aber zuerst fahr', mußt du alleine starten — sonst könnte ich dir noch an den Rand heranhelfen!"

„Gut, da fahr' ich zuerst", sagte Reni todesmutig. Sie hatte nicht die mindeste Lust, aber so ging es ihr oft. Sie nahm sich etwas vor und mußte es dann auch tun — aus einem inneren Zwang heraus, gegen den sie nicht ankam.

„Die Stöcke laß stecken, ich helf' dir bis vorn!" sagte Christian eifrig. „Komm, gib mir die eine Hand, daß du nicht vorzeitig ins Rutschen kommst!"

Ach, es sah unsagbar grausig aus, wenn man so hinunterguckte, so steil und so lang! Reni verbiß die Anwandlung, um einen kleinen Aufschub zu bitten, und ließ sich von Christian bis nach vorn mitnehmen. Am besten, man guckt gar nicht erst, dachte sie, ihre Erfahrung aus dem Schwimmbad auf die Schanze übertragend, und antwortete, als er fragte, ob sie fertig sei, mit „Ja!“

„Gut, dann los! Geh in die Hocke!“

Gehorsam ging Reni in die tiefe Hockstellung mit gebeugten Knien, im nächsten Augenblick fuhr sie ab. Ziemlich breitspurig, aber das war ja gut. Denn es war — du lieber Himmel, es war nicht nur so wie im Schwimmbad, weiß Gott nicht!

Der Moment des Losfahrens war auch schlimm, aber was dann kam, noch viel ärger. Die ganze Schneewelt, Bäume, beschneiter Hang, Schispuren früherer Fahrer kamen ihr in einem wahnsinnigen Schuß entgegen, so schien es ihr, während sie mit dem Gefühl, das man in einem abwärts gehenden Fahrstuhl hat, bergab sauste. Unendlich lange dauerte das so, unendlich lange war sie der Erde geheimnisvoll entzogen und doch noch so weit mit ihr verbunden, daß sie stehen mußte — sie mußte, sonst gab es ein heilloses Gepurzel hier an dem steilen Hang. Sie stand durch. Aber sie war doch dreiviertel erledigt, als sie, mit hin- und herflatternden Knien, völlig kraftlos unten hielt — ohne Kristiania.

„Soweit ganz nett fürs erstemal“, sagte Christian, während er neben ihr herumschwang, „du hast nur hier unten den Schwung vergessen.“ — „Den überlaß ich dir“, sagte Reni schwach, „weil du Christian heißt. Vorderhand hab' ich genug!“

Er lachte, dann aber wurde er ernst. Er mochte nichts sagen. Aber daß sie es gewagt hatte — und daß sie jetzt hinterher nicht damit angab, sondern ganz ehrlich eingestand, daß es eben für ein elfjähriges Mädel nicht so einfach ist, die Schanze hinunterzufahren, das imponierte ihm ganz groß. Reni hatte, ohne es zu wissen, damit sein ganzes Herz gewonnen, soweit sie es noch nicht besaß — er schwor sich, daß sie niemals einen besseren Freund haben sollte als ihn. Lachend winkten sie Erika, doch herunterzukommen.

Sie kam, und dann setzten sie sich auf die Schier und packten den Rucksack aus. Das hatten sie sich nun verdient. Erika auch, sie behauptete, sie hätte die Angst für sie beide mitgehabt, und das mußte natürlich auch belohnt werden. Sie aßen und lachten und waren so vergnügt wie nicht mal gestern abend.

Dabei kamen sie wieder auf die Gruselgeschichten.

„Ich möchte auch mal so was erleben, so eine Botschaft", sagte Reni sehnsüchtig und neugierig. Christian wurde ernst.

„Ach, Reni, wünsch' dir das nicht! Es gibt Leute, die Ereignisse voraussehen können, man nennt das das zweite Gesicht. In Schottland gibt es das noch, aber auch bei uns — in der Heide zum Beispiel und an der See, bei Menschen, die viel allein sind in der Natur. Diese Leute leiden unter dieser Gabe, denn sie sehen meistens Trauriges voraus, Sterbefälle oder Brandunglücke oder so etwas ..."

„Nichts Schönes?" fragte Erika enttäuscht.

„Doch, manchmal auch Hochzeiten", sagte Christian freundlich, „aber doch vor allem Schlimmes. Und das ist doch gut, daß man das nicht vorher weiß — man könnte doch gar nicht mehr froh sein, wenn man wüßte, daß man selber oder ein geliebter Mensch bald stürbe!"

„Freilich", sagte Reni leise, „aber anderes möchte man doch gern vorher wissen. Ob einem das oder jenes, was man sich sehr wünscht, auch gelingt ... wenn man wüßte, es würde doch nichts daraus, könnte man doch gleich jeden Versuch aufgeben!"

„Meinst du?" sagte Christian, „ich weiß nicht. Ich glaube, keine Arbeit und keine Anstrengung ist verloren. Ob sie nun äußeren Erfolg hat oder nicht ... Ich finde, Arbeit an sich macht schon fröhlich, weil sie Kraft gibt!"

Reni saß ganz still. Sie hatte sich noch nie solche Gedanken gemacht. Christian war älter als sie, aber doch noch nicht erwachsen — plötzlich sah sie alles, ihre langweiligen Schularbeiten, das verhaßte Strümpfestopfen, in einem ganz neuen Licht. Die Überwindung zu einer nicht geliebten Arbeit gab Kraft, natürlich ...

„Was willst du denn mal werden, Christian?" fragte sie leise.

„Arzt, natürlich", sagte Christian ruhig. „Und du?"

„Ich möchte — am liebsten hätte ich auch so ein Kinderheim wie Tante Mumme", sagte Reni — unsicher, ob er sie deshalb auslachen würde. „Ich möchte nie mehr hier fort!"

„Aber wir müssen doch wieder nach Hause!" sagte jetzt Erika. Es klang angstvoll und flehend. Reni sah sie erschrocken an.

„Ja, natürlich — ach, Erika, ich glaube, Christian hat recht. Es ist gut, daß man nicht weiß, was wird . . ."

„Wir wollen wieder los, sonst kommt ihr hier noch auf die komischsten Gedanken", sagte Christian freundlich, „los, auf, meine Damen, wir wollen doch Vater von unsern Heldentaten erzählen können!"

Sie fuhren weiter, und es wurde immer schöner. Schließlich landeten sie in einer Baude, und Christian versprach, die gesamte Zeche zu bezahlen. Es gab Kartoffelsalat mit warmer Wurst, und es schmeckte ihnen schon wieder wundervoll, obwohl sie doch gerade den Rucksack fast leergegessen hatten.

„Das macht die Gebirgsluft", sagte Reni stolz, die wußte, wie schlecht Erika zu Hause aß. „Du sollst mal sehen, hier wirst du ganz dick und rotbackig werden!"

Es war zu schade, daß sich auch dieser Tag einmal neigte, aber es fängt ja am Neujahrstag zeitig an zu dämmern. Sie fuhren eine sanfte, nicht schwere, aber lange Abfahrt sturzfrei hinunter, auch Erika. Sie war so stolz auf diese Leistung, daß sie Reni um den Hals fiel und dadurch doch noch hinpurzelte, denn es ist sehr schwierig, wenn beide auf Schiern stehen, jemanden zu umarmen. Reni fiel auch noch mit um, und sie lachten alle drei. Lachend kamen sie ins Haus gestampft.

„Tante Mumme, hattest du Angst um uns? Hast du um halb elf ungefähr gespürt, daß wir in Gefahr schwebten? Nein? Dann liebst du mich nicht!" rief Reni übermütig, während sie, in der Küche stehend, die schneebeklebten Hosen mit der Mütze abklopfte. „Da sind wir die Schanze hinuntergefahren, wirklich und wahrhaftig. Nicht gesprungen, aber gefahren!"

„Reni“, setzte Tante Mumme an, aber dann sprach sie nicht weiter und sagte nur: „Geh mal zum Onkel hinein, er will dir was sagen!“

Reni folgte ahnungslos. Als sie in die Kaminstube trat, erlosch ihr Lachen, sobald sie sein Gesicht sah — es war so unsagbar ernst, — liebevoll und freundlich, aber so ernst ...

„Wir wurden vorhin von Friedrichsaue angerufen, Kindel“, sagte er und zog sie zwischen seine Knie, „deine Mutter ist mit dem Pferd gestürzt, Reni. Nein nein, sie lebt, denk doch nicht gleich das Schlimmste! Aber ziemlich schwer verletzt scheint sie zu sein!“

Reni stand regungslos. Es war wie in einem furchtbaren Traum, — und sie hatte nichts gespürt! Nichts geahnt, den ganzen Tag — diesen fröhlichen, sonnigen Tag lang ...

„Wann denn?“ fragte sie verzweifelt. Vielleicht war es wenigstens um die Zeit geschehen, als sie auf der Schanze war — vielleicht war es der Moment gewesen, da sie so große Angst gehabt hatte, und diese Angst bezog sich eben nicht auf das Abfahren, sondern auf Mutter ... Wieviel kann man in einem Augenblick denken ...

„Es war schon gestern abend, sie wollten erst die Nacht abwarten“, sagte der Doktor. „Nun weine doch nicht — oder doch, weine ruhig ein bißchen, Reni. Aber glaube mir, sie wird wieder gesund, sie braucht nicht zu sterben — nein, bestimmt nicht ...“

Er konnte es nicht verstehen, er wußte ja nicht — ach, lieber Gott, es legte sich wie ein zentnerschwerer Stein auf ihr Herz. Er wußte nicht, wie schrecklich es für sie war. Sie liebte ihre Mutter nicht genug. Sie hatte vorhin erst gesagt, sie wollte am liebsten für immer hier bleiben ...

Der Doktor war so lieb und kümmerte sich um sie, als sei sie krank. Er schickte sie zu Bett und kam dann noch ein bißchen hinüber in den Schlafsaal, setzte sich zu ihr. Sie lag im unteren, Erika im oberen Bett — mit welchem Spaß und Gelache waren sie gestern nacht hier hereingekrochen, und da war es schon geschehen gewesen!

„Du mußt jetzt sehr vernünftig sein, Kindel“, sagte der Doktor, er war ganz ernst und bei aller Güte und Zartheit beinahe streng,

„niemand weiß, warum einem etwas Schweres auferlegt wird, aber es steht uns nicht zu, zu fragen: Warum? Man muß es tragen. Gewiß, es ist früh für dich, das einzusehen, du bist noch jung, aber was in einem Menschen steckt, das kann sich auch früh schon zeigen. Christian hat mir erzählt, wie tapfer und mutig du dich auf Schiern benimmst, siehst du, das ist mir eine Freude und Beruhigung. Denn das Schilaufen, genau wie jeder andere Sport, ist absolut nicht nur für den Körper gut, für den äußeren Menschen — natürlich, für den auch. Man wird von vernünftig betriebenem Sport frisch und munter, kriegt rote Backen und einen tüchtigen Hunger, aber die Hauptsache ist etwas anderes. Würdest du bei einem Rucksack, der dir zu schwer ist, jammern und sagen: Ich kann ihn nicht tragen? Siehst du, und so ist es auch mit dem Schicksal, das einem auferlegt wird. Man jammert nicht darüber, man trägt es."

„Onkel Doktor, du weißt nicht, wie es bei mir ist", flüsterte Reni mit versagender Stimme. „Ich — ich bin schuld, daß ..."

„Daß deine Mutter mit dem Pferd gestürzt ist? Aber Kind, wie kommst du denn darauf?"

„Wie ist es denn eigentlich passiert, Onkel Doktor?" fragte nun Erika. Sie war bisher still gewesen, aber jetzt konnte sie es nicht mehr unterdrücken, zu fragen. Der Doktor begann zu berichten.

„Das Hochwasser scheint ein bißchen nachgelassen zu haben", sagte er, „aber deine Mutter war wohl in Sorge um das eine Fohlen. Es muß sich erkältet haben, und so ritt sie in die Stadt nach dem Tierarzt. Das Telefon ging nicht. Dabei passierte es. Es war wohl Glatteis, was weiß ich — das Pferd kam jedenfalls ohne sie nach Hause, und das Dumme ist, daß sie versucht hat, sich fortzubewegen. Sie hätte ganz still liegen müssen, aber sie ist ja jung und gesund, und da versucht man eben, sich zu helfen!"

„Und? Was ist geschehen? Hat sie was gebrochen?"

„Ja, den Oberschenkelhals. Das ist der Knochen, mit dem das Bein im Hüftgelenk sitzt, man kann sehr schlecht dazu, verstehst du", erklärte der Doktor. „Und da sie eben noch gekrochen ist ... Trotzdem, ein Bruch ist immerhin etwas Heilbares, Reni."

„Und ist — außerdem noch etwas?“

Reni wagte kaum zu fragen.

„Das weiß ich noch nicht, Kindel. Innere Verletzungen — Herr Niethammer sagte, er glaubte es nicht!“

Reni hörte aus der zögernden Art, in der der Doktor sprach, daß er selbst nicht sicher war. Sie wagte nicht weiter zu fragen.

Nach einer Weile begann der Doktor von allerhand Knochenbrüchen zu erzählen, die sämtlich schlimm aussahen und schließlich doch noch gut endeten. Er tat es in einer sachlichen, trockenen, vielleicht aber gerade deshalb ungeheuer tröstlichen Art. Reni lauschte begierig, sie interessierte sich immer für alles, was Krankheiten anbetraf. Allmählich machte sich auch der in Sonne und Schnee verbrachte Tag geltend, sie wurde müde, Erika schlief schon eine ganze Weile. Endlich stand der Doktor auf. Er trat an ihr Bett und beugte sich über sie.

„Onkel Doktor, ist es sehr schlimm, wenn man nicht genug liebt?“ fragte sie erstickt. Er strich ihr über das Gesicht.

„Ja, das ist sehr schlimm, Reni“, sagte er leise und ernst. „Es ist vielleicht die größte Schuld, die man im Leben auf sich laden kann. Siehst du ... Reni, ich hab' noch mit keinem Menschen darüber gesprochen, aber mit dir — ich hab' immer das Gefühl, als seist du der Mensch, der mir am allernächsten steht. Ich habe auch zu wenig Liebe gegeben in meinem Leben. Ich habe einen Menschen neben mir hungern lassen nach Liebe — es ist sehr schwer, Reni, sich das sagen zu müssen, wenn man es nicht wieder gutmachen kann. I c h kann es nicht wieder gutmachen, meine Frau ist gestorben. Deine Mutter, Reni, lebt noch und wird weiter leben. Dir bleibt noch die Möglichkeit, wieder gut zu machen ...“

„O Onkel Doktor, ich will! Ich will nie mehr an mich selber denken, nur noch an Mutter!“

„Das ist gut, Reni“, sagte er sanft, „und ich glaube dir, daß du es willst. Der Wille macht viel, ungeheuer viel aus, Kind. Und deine Mutter weiß bestimmt, daß du sie lieb hast, auch wenn du es ihr vielleicht nicht immer so hast zeigen können!“

„Glaubst du?“ schluchzte Reni. Oh, wie er sie verstand!

„Ja, das glaube ich. Das weiß jede Mutter.“ Er strich dem aufgeregten Kind immer wieder über das Haar. Reni fühlte sich schwer vor Müdigkeit werden, aber doch auch erleichtert, erlöst. Der Onkel Doktor kannte so viele Menschen, er muße es wissen . . .

„Nun schlafe“, sagte er liebevoll. „Deine Muter wäre sicher traurig, wenn sie wüßte, daß du wachliegst und weinst. Schlafe, morgen schreibst du ihr einen langen, lieben Brief!“

Reni schnaufte tief auf, als er gegangen war. Morgen schreibst du ihr einen Brief — also brauchte sie morgen nicht hinzufahren. Sie hätte es sofort getan, wenn er es gesagt hätte — aber er wußte ja, wie es am besten war. Trotz aller Angst und Sorge und Liebe um die Mutter stand es doch im Hintergrund ihrer Gedanken, drohend, unausweichlich: wenn ich Mutter wirklich lieb hab', muß ich zu ihr zurückwollen. Muß ich auf das geliebte Heim am Berge, auf den Onkel Doktor und Tante Mumme und auch auf Christian verzichten. Sie schloß die Augen und ließ sich dem Schlaf entgegentreiben, hungrig nach Vergessen. Sie konnte das heute abend nicht mehr mit sich selbst ausfechten.

Eine traurige Nachricht und ein wunderschöner Ausblick Reni bekommt, was ihr immer fehlte

Ein warmer, feuchter, lebendiger Wind strich durch den Hof, in dem nur noch in der Ecke am Wirtschaftshaus, wo kein Sonnenstrahl hinfand, etwas schmutziger Schnee lag. Eben kamen die Heimkinder singend über die Liegewiese heruntermarschiert. Sie hatten Berganemonen in den Händen, und ihre Haare waren zerzaust und durchgeblasen. Kurz vor der Turnhalle verstummte der Gesang, und die Ordnung löste sich auf. Alles rannte fröhlich und mit herzhaftem Hunger durch den Hof, ins Haus hinein. Auch Erika — Reni bremste ab und lief ins andere Haus hinüber.

Sie war so froh gewesen heute den ganzen Tag. So unbeschwert und fröhlich — Mutter hatte so lieb geschrieben.

Sie schrieb jetzt immer lange, lange Briefe, seit es ihr besser ging, Reni war überglücklich darüber.

Umso erstaunter war sie, als Tante Mumme ihr gleich sagte, sie sollte einmal zum Onkel Doktor kommen. Sie sagte es ernst, und Renis Herz schlug sofort wieder wild und erschrocken. Der Onkel Doktor sah ihr freundlich entgegen, vielleicht war es doch nichts

Schlimmes? Doch. Es war etwas — wenn er sie so ansah, war es s e h r ernst — Reni mochte gar nicht fragen. Der Onkel Doktor strich ihr über das zerblasene Haar.

„Du, Reni, hast du etwas deiner Mutter mitzugeben? Ich fahre heute zu ihr hin“, sagte er ohne Einleitung. Er hatte es sich so lange überlegt gehabt, wie er ihr es sagen wollte, daß er schließlich auf diese ganz einfache, ganz schlichte Art gekommen war. Sie sah mit offenem Mund zu ihm auf.

„Onkel Doktor — geht es ihr — so schlecht?“

„Nein, es geht ihr nicht schlechter als bisher“, sagte er, es klang gequält, sie hatte seine Stimme so noch nie gehört. „Verstehst du, aber auch nicht b e s s e r. Und es ist nun schon ein Vierteljahr, daß sie liegt — sie schrieb mir und bat mich so herzlich, zu kommen. Ich kenne sie ja nun schon jahrelang, wenn wir uns auch immer nur kurz sahen. Und sie hat so viel Zutrauen zu mir, schreibt sie, weil d u auch immer denkst, ich könnte alles ...“

„Onkel Doktor, wenn du sie behandelst, wird sie bestimmt wieder gesund!“ rief Reni. Ein großer Stein war ihr vom Herzen gefallen. „Darf ich mitfahren? Ich möchte so gern!“

Wirklich, es stand plötzlich vor ihr wie das Schönste, was ihr geschehen könnte, jetzt mit dem Doktor über Sonntag zur Mutter zu fahren. Er fuhr doch sicher mit dem Auto, und ...

„Nein, Reni, ich möchte dich nicht mitnehmen. Ich möchte deine Mutter nicht ablenken, verstehst du — sie soll nur an sich denken bei diesem Besuch von mir. Sie soll — der Besuch gilt i h r !“

„Aber ...“ Reni sah ihn an, stockte, und sagte dann nichts mehr. Sie verbiß die Tränen, die dummerweise schon wieder kommen wollten — einen ganzen Sonntag mit dem geliebten Doktoronkel, u n d zu Mutter, es wäre so herrlich gewesen ...

„Vielleicht hat Erika Lust? Frag sie doch mal!“

„Ja, ich frag' sie“, sagte Reni und schluckte. Sie gönnte es Erika natürlich, aber ... „Kann ich nicht auch mit und dann — ich meine, wir sagen es Mutter nicht ...“

„Kindel“, sagte der Doktor sanft, „glaubst du, deine Mutter

fühlt es nicht, wenn du da bist? Dann ist sie doch erst recht abgelenkt und unruhig!“ Freilich, Mutter würde es fühlen. Mutter, die sie so liebte — Reni ging langsam und nachdenklich hinaus, um Erika zu suchen. Sie war sehr traurig, aber sie wollte es nicht sein. Sie wollte g u t sein, so, wie sie es sich damals vorgenommen hatte, als Mutter dieses Unglück widerfuhr.

Einmal hatte sie sie besuchen dürfen. Das war schön und tröstlich gewesen für beide, und Reni hatte gefühlt, daß sie ihre Mutter wirklich sehr liebte. Ob genug, wußte sie nicht. Auf jeden Fall aber konnte sie ihr jetzt ihre Liebe nur so beweisen, daß sie blieb, und g e r n blieb. Daß sie sich überwand ...

Erika freute sich sehr, mitfahren zu dürfen. Reni fühlte eine kleine, bohrende Eifersucht in ihrem Herzen — vielleicht hatte der Onkel Doktor Erika lieber als sie? Und nahm sie deshalb mit?

Nein, das waren häßliche, kleinliche Gedanken. Sie suchte sie zu verbannen, holte einen wunderschönen Strauß Schneeglöckchen für Mutter und auch sonst noch einige Kleinigkeiten, Mitbringsel, die Erika mitnehmen sollte. Sie half der Freundin beim Anziehen und Packen und brachte es fertig, den beiden fröhlich nachzuwinken.

Es wurde ein langer Sonntag. Tante Mumme merkte, daß Renis Herz schwer war, und nahm sich ihrer ein bißchen an, denn Reni kam sich furchtbar verlassen vor an diesem Tag. Gott Lob und Dank ging er aber auch einmal vorüber, und spät abends kam der Doktor wohlbehalten wieder. Erika hatte sogar den größten Teil der Fahrt verschlafen. Sie brachte viele Grüße von der Mutter mit.

Erst am folgenden Abend erfuhr Reni Näheres. Am Abend des Sonntags hatte sie sich um Erika gekümmert, ihr zu essen gebracht und sie wie ein kleines Kind ins Bett besorgt, denn Erika war derart verschlafen, daß sie kaum wußte, wo sie war. Der Doktor hatte nur eine Tasse Tee getrunken, dann war er zu Tante Mumme hineingegangen und nicht mehr erschienen. Am Montagabend lauerte Reni ihm auf, als er heimkam. Er nickte ihr freundlich zu und sagte, sie solle später in sein Zimmer kommen; ehe es aber so weit war, wurde er wiederum telefonisch abgerufen.

Reni war sehr unglücklich, obwohl sie es zu verbergen suchte. Sie brachte ihm Mantel und Hut und bemühte sich, nicht enttäuscht auszusehen. Er sah sie kurz an und sagte dann plötzlich:

„Weißt du was, Kindel? Fahre mit. Es ist ziemlich weit, und da kann ich dir unterwegs erzählen! Sage Tante Mumme Bescheid."

Wer war froher als Reni! Sie sprang nach ihrem Mantel, fand die Handschuhe nicht, nahm Christians, setzte die Mütze verkehrt auf . .

„Du siehst herrlich aus!" lachte er und brachte sie mit ein paar Griffen seiner großen, warmen Hände in Ordnung. „So, nun können wir los! Aber um dein Abendbrot kommst du nun!"

„Du doch auch um deins!" sagte sie, voller Angst, er könnte es sich noch einmal anders überlegen. Aber er tat ihr das nicht an, sie fuhren los.

„Du hast ein Recht darauf, Reni, zu wissen, wie es deiner Mutter geht", begann der Doktor, während sie schon draußen auf der Landstraße waren, sie fuhren in ein Dorf in den Bergen. „Es geht ihr soweit gut. Soweit, Kindel — richtig gut geht es ihr nicht und wird es ihr nie wieder gehen. Ich ahnte es schon längst und habe es nun bestätigt gefunden. Deine Mutter wird nie wieder ordentlich laufen können, Reni, das eine Bein wird kürzer bleiben als das andere."

Reni saß stumm und wagte kaum Atem zu holen, der Doktor fuhr fort: „Innere Verletzungen hat sie nicht davongetragen, das ist noch ein großes Glück. Aber diese Tatsache mit dem Bein ist trotzdem sehr schwer zu tragen. Denn . . ."

„Wird sie auch nicht wieder r e i t e n können?" fragte Reni fast unhörbar. Ihr war, als drücke ihr jemand das Herz zusammen.

„Nein, auch das nicht. Vielleicht ahnst du, was das für deine Mutter heißt, du kennst sie ja am besten von uns allen!"

„Weiß sie es?" flüsterte Reni erstickt. Er sah sie mitleidig an, aber gleichzeitig stark und fordernd.

„Ja, Reni. Ich hab' es ihr gesagt. Der andere Arzt, den sie hatte, hat sie immer hingehalten, vertröstet — sie wollte mich dorthaben, um die Wahrheit zu wissen. Ich habe sie ihr gesagt."

„Hat sie — sehr — geweint?“ flüsterte Reni. Er schüttelte den Kopf. „Nein, Reni, sie hat nicht geweint. Sie hat es getragen wie ein Mensch, der durch die Einsamkeit stark geworden ist. Du hast eine ganz großartige Mutter, Reni.“

„Ich weiß“, schluchzte Reni, sie konnte nun doch die Tränen nicht mehr zurückhalten. „Nie mehr reiten — Mutter, die die Pferde so liebt!“

„Ich habe deiner Mutter einen Vorschlag gemacht“, sagte der Doktor nach einem Weilchen und sah geradeaus auf die abendliche Landstraße, „ich habe sie gebeten, zu uns zu kommen. Hierher, ins Heim. Tante Mumme ist alt und klapprig geworden, sie braucht eine frische, tüchtige und junge Hilfe. Diesen Posten kann deine Mutter gut ausfüllen. Und da du auch am liebsten hier bist ...“

„Ich, ich würde auch zu Mutter gehen, wenn sie es will!“ rief Reni laut und beinah wild. „Wenn Mutter nicht ohne Pferde sein kann.“

Dem Doktor flog ein frohes Leuchten über das Gesicht. Er trat auf die Bremse, ließ das Auto am Straßenrand halten und wandte sich Reni zu. Mit der ihm eigenen, herzlichen Ruhe nahm er ihr Gesicht zwischen seine Hände.

„Das hab' ich ihr auch gesagt. O h n e dich vorher gefragt zu haben! Sie wollte es erst nicht glauben, aber ich hab' recht gehabt. Du würdest es tun, und gern und freundlich tun, so wie du Erika gern und freundlich hast mitfahren lassen. Weil es für deine M u t - t e r so besser war. Du bist ihre Tochter, ganz und gar —.“

Reni hielt den Atem an — noch nie hatte der Onkel Doktor sie so angesehen, noch nie hatte seine Stimme so geklungen wie jetzt, so ernst und unter aller Ruhe tief erregt, so liebevoll und bittend.

„Wir wollen ihr jetzt Zeit lassen, Reni, sie muß erst gesund werden, ganz und gar, innerlich, weißt du?“ fuhr er leise fort. „Wir müssen sie gesund pflegen, gesund l i e b e n , kannst du verstehen, was ich damit meine? Sie muß merken, daß wir sie brauchen, daß wir sie nötig haben — aber das dürfen wir ihr nicht ins Gesicht sagen, sondern sie es f ü h l e n lassen. Aber das müssen wir behutsam anfangen und geduldig und ganz, ganz sanft —.“

„Genau so, wie man mit Pferden sein muß," schaltete Reni ein, voller Eifer und Hingabe. Der Doktor verbarg ein Lächeln.

„Ja, Kindel, genau so. Sag, ob uns das nicht gelingen müßte, dir — und mir?"

„Ja, Onkel Doktor", flüsterte Reni heiß. Sie verbarg ihr Gesicht an seinem Jackenärmel. „Aber wenn sie — ich meine, wenn sie dann — hierbleibt und mit dir das Heim leitet und eben dann doch zu uns g e h ö r t, zu dir und mir und Christian — und Tante Mumme — dann sind wir doch eigentlich —", sie stockte.

„Nun?" fragte er, und man hörte seiner Stimme an, daß er jetzt lächelte. Er wußte, was kam, aber er wollte es doch so gern hören.

„Dann sind wir doch eigentlich wie eine richtige Familie. Mutter ist unsere Mutter, und Christian ist wie ein Bruder von mir, und ..."

„Na, und ich?"

„Du", flüsterte sie, „du? Darf ich dann — meinetwegen nur, wenn wir allein und für uns sind — V a t e r zu dir sagen?" — — —

„Und Erika?" fragte Reni, als sie etwas später weiterfuhren, — sie war noch ganz durcheinander von all dem, was sie gehört hatte.

„Erika darf noch ein Jahr im Heim bleiben", sagte der Doktor fröhlich. „Ihre Eltern sind ganz beglückt, wie gut sie aussieht und was sie für einen Appetit hat. Ein Jahr — länger wollen sie sie auch nicht hergeben, aber ein Jahr ist doch so herrlich lang!"

„Ja, herrlich!" sagte Reni wie im Traum. Sie saß ganz still und sah vor sich hin. Mutter im Heim, für immer, und einen solchen Vater bekommen, niemals wieder fortmüssen — verdient hatte sie es nicht. Ach, sie würde es sich verdienen, sie würde gut zu Mutter sein, sie würde ihr alle Pferde der Welt ersetzen ...

„Weißt du, Onkel Doktor, ich glaube ja, Mutter wird sich im Heim schon einrichten. Vielleicht hatte sie die Pferde auch bloß so lieb, weil sie nichts anderes zum Liebhaben hatte!"

Er sah sie zärtlich an und nickte.

„Ja, Kindel, sicher. Aber hier wird sie genug haben — an dir, an dem alten, dicken, grilligen Doktoronkel — na, ist es nicht wahr? — der Tante Mumme, die sich immer einbildet, sie taugt nichts mehr —

und den vielen, vielen, liebebedürftigen Kindern, die zu uns ins Heim kommen!“

„Aber könnten wir nicht — es gibt doch auch kleine Pferde, Ponys, die sehr wenig fressen“, sagte Reni und war plötzlich wieder ganz Kind, lebhaft und voller Pläne, „und die trotzdem schrecklich süß sind. Shetlandponys zum Beispiel fressen Kartoffelschalen, sagte Mutter einmal, und Kartoffelschalen haben wir ja doch nun wirklich im Überfluß! Wenn wir da eins oder zwei hielten — auf der Wiese ist doch genug Gras für Heu, und im Winter kaufen wir eben etwas Hafer, sie könnten doch einen Wagen bekommen und alles das heranbringen, was so immer mit teuren Autos herangeschafft werden muß!“

„Du meinst, wir wollen Mutter zwei Shetlandponys schenken, damit sie uns nicht vor Heimweh nach den Pferden wieder davonläuft?“ Er lachte, dann aber wurde er wieder ernst. „Der Vorschlag ist nicht dumm. Du hast schon recht. Auch Gepäck könnten die Ponys vom Bahnhof holen und wieder hinbringen. Ein Stall würde sich wohl auch finden ...“

„O Onkel Doktor!“ Reni blieb vor Entzücken fast die Luft weg.

„Halt! Drüben bleiben! Sonst fahre ich uns noch in den Graben, und alle unsere Pläne werden Essig“, kommandierte er lachend, und Reni setzte sich gehorsam wieder in ihr Polster zurück, wenn es auch schwer fiel. Daß er sich aber mit dem Vorschlag ernstlich beschäftigte, merkte sie wohl, denn er fing nach einer Weile von selbst wieder davon an. Er war ja in einer Beziehung gar nicht erwachsen, sondern wie ein großer Junge, und das war gerade das Liebe an ihm.

„Einen Stall könnten wir ihnen im Wirtschaftshaus in der Gerätekammer einrichten“, sagte er nachdenklich, „Shetlandponys sind sehr wetterhart. Und denk' nur, wie die Kinder sich freuen werden! Wir müssen eine neue Werbeschrift verfassen, mit den kleinen Pferden vorne drauf. Da gibt es nochmal so viel Anmeldungen, paß mal auf! Aber — nein, es wird doch nicht gehen, Reni“, sagte er plötzlich, und Reni erschrak bis ins Herz. Sie war viel zu aufgeregt, um an seinem Ton zu merken, daß ihm der Schalk im Nacken saß.

„Wir haben ja keinen, der sie versorgt! Ich kann doch nicht auch noch einen Stallburschen und Pferdepfleger einstellen, der sie tränkt und füttert und putzt — vom Ausmisten gar nicht zu reden . . .“

„Aber Onkel Doktor . . .“

„Nicht wahr, daran hattest du auch nicht gedacht“, sagte er, scheinbar tiefbetrübt. Reni rief angstvoll beschwörend:

„Aber Onkel Doktor, das macht doch Mutter nur *zu* gern . . . wenn sie schon nicht mehr reiten darf, dann ist sie doch bestimmt glücklich, wenn sie Pferde wenigstens versorgen kann!“

Er lachte, hielt an — sie waren im Dorf angekommen — und gab ihr einen Kuß.

„Ich weiß. Ich wollte dich nur necken. Nun aber Schluß mit dem Unsinn, ich muß jetzt wieder der brave, vernünftige Doktor sein, und du bewachst mein Auto. Und dann fahren wir heim und sagen noch niemandem ein Wort, auch Erika nicht. Und Christian auch nicht, verstanden? Man muß auch schweigen können. Nur du und ich wissen davon. Kann ich mich auf dich verlassen, Kindel, ja?“

„Ja, Vater“, sagte Reni ganz, ganz leise, aber er hatte es doch gehört.